ヤマ場を
おさえる

単元設計と
評価課題・評価問題

中学校

数学

全体編集
石井英真

教科編集
佃　拓生

図書文化

まえがき

　資質・能力ベースの新学習指導要領に沿って学習評価のあり方も新たに提起され，教育現場では，3観点による観点別学習状況の評価への対応が課題となっています。そして，「主体的に学習に取り組む態度」の評価をどうするかに注目が集まっています。しかし，今回の学習評価改革の焦点を主体性評価に見いだすのは改革の読み方として一面的で，その捉え方では評価をめぐるさまざまな困難が解決されず，むしろ行き詰まってしまうでしょう。観点別評価の本丸は「思考・判断・表現」の充実です。まずそこにフォーカスすることによって，困り感のある主体性評価についてもより妥当な運用の仕方が見えてきます。

　こうした考えの下，本シリーズは，中学校を対象に，国語，社会，数学，理科，英語について，国立教育政策研究所教育課程研究センター作成『「指導と評価の一体化」のための学習評価に関する参考資料』に基づき，単元ごとの評価プランを掲載するものです。そして，「生きて働く学力の形成」と「学校の働き方改革」を両立して充実させるために，どのように評価場面を精選（焦点化・重点化）し，どのような評価課題・評価問題を作成し活用するかを，単元（学習指導要領の「内容のまとまり」）ごとに具体的に提案するものです（国語と英語は言語領域ごとに収録）。

　本シリーズは，図書文化社が学習指導要領の改訂ごとに出版してきた『観点別学習状況の評価基準表』『観点別学習状況の評価規準と判定基準』『観点別評価実践事例集』『観点別評価問題集』の理念を引き継ぎ，新時代の観点別評価の参考資料をめざして企画しました。各巻では，「思考・判断・表現」を中心に，単元ごとに，著者が重要と考える2場面（一つは総括的評価の場面）を抜き出し，評価規準に対応する生徒の学習状況や作品例（B・Aの判定のポイント）を評価事例として掲載し，評価課題・評価問題の工夫とその効果的な位置づけ方を示しています。

　各巻の執筆者は，現在，そして次世代の教育実践を担う力量のある先生方です。またシリーズで大きな方向性を共有しつつ，各巻それぞれに，教科の特性のみならず，教科編集の先生方の問題意識や工夫も大事にしています。評価課題・評価問題の作成や単元設計の改善へのアプローチという視点で，ご自身の専門以外の教科も読まれると，新たな着想が得られると思います。本書が読者諸氏にとって評価の焦点化・重点化の参考資料として，単元という単位でシンプルかつ効果的な評価をデザインする思考法を学び，目の前の生徒たちに即して実践を創る手がかりとなるなら望外の喜びです。

2022年12月24日

石 井 英 真

ヤマ場をおさえる単元設計と評価課題・評価問題

目次

第1章　今求められる学力と学習評価のあり方

第2章　数学科の観点と評価の実際

第3章 第1学年の評価プラン

第4章 第2学年の評価プラン

第5章 第3学年の評価プラン

単元ごとの評価プラン　三つの特徴

一つの単元を6ページで解説。3年間の全単元をナビゲート！

○　第3〜5章では，観点別学習状況の評価の展開例を単元ごとに紹介しました。本書では「内容のまとまり」を単元の単位として，一つの単元につき6ページで紙面を**図1**のように構成し，中学校数学のすべての単元を取り上げました。

○　各単元の3・4／5・6ページ目では，事象を数理的に捉え，論理的，統合的・発展的に考える力を高めるうえで，特に重要と思われる評価場面（評価課題と事例）を取り上げました。

○　評価の観点は，平成31年3月29日に示された『児童生徒の学習評価及び指導要録の改善等について（通知）』に準じました。なお，観点の略記を，それぞれ「知識・技能→知」「思考・判断・表現→思」「主体的に学習に取り組む態度→主」としました。

図1. 各単元の紙面構成のイメージ（例：第1学年「A 数と式」(1) 正の数と負の数）

1・2ページ 単元全体の構想と計画	3・4ページ 評価場面❶　評価課題と事例	5・6ページ 評価場面❷　評価課題と事例
演算記号と正負の符号の違いを理解し，正の数と負の数を具体的な場面で活用できるようになってほしい。	5−(−3) ってどういう意味？そんなの計算できないよ。	正の数と負の数の考え方は，基準との差を表すのにすごく便利だな。陸上部の練習でも使ってみよう。

教師の思い

単元導入時の生徒の様子

単元末の生徒の様子

逆向き設計の考え方で単元の全体像が掴めるよう，単元を通した学習目標や生徒の成長のイメージなど，単元全体の構想に役立つ内容をまとめました。	おさえておきたい場面（重要な考え方や意味理解の確認など）での生徒のつまずきが見取れる評価問題例と評価例を示しました。	最終的には生徒全員がB以上の学習状況になることをめざし，総括的な場面での評価問題例と評価例を示しました。

特徴 2　評価事例（B基準）に対する「A評価」「判断の理由」を例示！

○　評価の対象となる生徒の姿（評価問題やレポート課題等に対する生徒の解答例，記述例等）は，B評価だけではなくA評価も例示しました（**図2**参照）。別の単元や評価場面においても参照しやすいように，それぞれに対する評価（判断）の理由も解説しました。

○　さらに「Cの学習状況に対する指導・支援の手だて」を示し，評価を行った後，どのように次の指導に生かせばよいかを解説しました。

図2. 評価例と判断の理由（例：第1学年「C 関数」（1）比例，反比例）
（視力検査の場面を活用した，視力，ランドルト環の直径，すき間の幅の関係についての問題）

評価規準（思考・判断・表現）	
比例，反比例を用いて具体的な事象を捉え考察し表現することができる。	
Bと評価する例	**Aと評価する例**
答え:7.5 理由:ランドルト環の直径は，すき間の幅に比例しているから，ランドルト環のすき間の幅を5倍すると，直径になる。	答え:7.5 理由:ランドルト環の直径は，すき間の幅に比例しているから，ランドルト環のすき間の幅を5倍すると，直径になる。二つの数量の取り出し方によって，比例になったり反比例になったりする。 視力とすき間の幅なら，その積は1.5で一定だから，反比例で説明できる。
B評価（判断）の理由	**A評価（判断）の理由**
・「7.5」を求め，二つの数量の<u>比例または反比例の関係に着目して理由を記述</u>していればB評価とする（表現不十分を許容する）。	・「7.5」を求め，理由を説明する際に，<u>二つの考え方について記述</u>するなどしていればA評価とする。

特徴 3　単元の要所（ヤマ場）と，単元で成長する生徒の姿が見えてくる！

○　単元のヤマ場を意識することで，大事な学習場面が生徒にも自ずと共有され，学習内容に即して主体的に学ぶ姿が発揮されやすくなります。教師が生徒を見る目（評価の目）と生徒の学ぶ目的の明確化が相乗的に高まり，「数学的な見方・考え方」や「統合的・発展的に考えること」を通じて「わかる」「使える」学力の獲得に向かうための，指導と評価の一体化をめざしました。

○　ヤマ場をおさえる指導と評価の計画と評価問題を考えるヒントとして，各単元の冒頭に「単元の学習目標」と「単元でめざす生徒の成長のイメージ」を例示しました。

本書の用語表記について（凡例）

答　申
>> 幼稚園，小学校，中学校，高等学校及び特別支援学校の学習指導要領等の改善及び必要な方策等について（答申）（中教審第197号）（平成28年12月21日，中央教育審議会）

http://www.mext.go.jp/b_menu/shingi/chukyo/chukyo0/toushin/1380731.htm

報　告
>> 児童生徒の学習評価の在り方について（報告）（平成31年1月21日，中央教育審議会初等中等教育分科会教育課程部会）

http://www.mext.go.jp/b_menu/shingi/chukyo/chukyo3/004/gaiyou/1412933.htm

通　知
>> 小学校，中学校，高等学校及び特別支援学校等における児童生徒の学習評価及び指導要録の改善等について（通知）（30文科初第1845号）（平成31年3月29日，文部科学省初等中等教育局）

http://www.mext.go.jp/b_menu/hakusho/nc/1415169.htm

新学習指導要領
>> 平成29・30・31年改訂学習指導要領（本文，解説）
http://www.mext.go.jp/a_menu/shotou/new-cs/1384661.htm

参考資料
>> 「指導と評価の一体化」のための学習評価に関する参考資料（国立教育政策研究所教育課程研究センター）
https://www.nier.go.jp/kaihatsu/shidousiryou.html

第 1 章

今求められる学力と
学習評価のあり方

■ 新しい学習指導要領がめざす学力と評価改善

■ 新3観点で何を測り，育てるのか

■ 単元設計と評価課題・評価問題の一体的な改善へ

1 新しい学習指導要領がめざす学力と評価改善

観点別評価の本丸は「思考・判断・表現」の充実

　観点別評価の本丸は「主体的に学習に取り組む態度」ではなく,「思考・判断・表現」です。主体性の育成は重要ですが,それは「思考・判断・表現」を試すような課題への取り組みにおいて自ずと育まれ表出されるものでしょう。近年,自分で内容をかみ砕いたり関連づけたりすることなく,すぐにやり方を求める傾向が生徒たちのなかで強まっていないでしょうか。授業中静かに座ってはいるが「この時間で何を学んだのか」と聞かれても答えられず,授業を受けているだけで内容が積みあがっていかない。そうした学び取る力の弱さゆえに,余計に学びの基盤となる主体性の指導に向かいたくなるのかもしれません。しかし「応用の前に基礎を定着させないと」「基礎も学ぼうとしないから主体性を育てないと」といった具合に,土台へ土台へと降りていくのは逆効果です。

　例えばバスケットボールでも,ドリブルやシュートなどの基礎練習だけでは練習の意味がわからず技能の向上は見込めないもので,折に触れて試合形式を経験するからこそモチベーションが上がり,技能の向上や定着も促されるものでしょう。新学習指導要領では実社会の問題を解決していけるような,生きて働く学力の育成が強調されています。その趣旨を生かして単元や授業を一工夫し,知識をつなげて考えたり使いこなしたりする「思考」を促すような,テスト問題や議論やレポートや作品制作や実演などの「試合」的な経験(タスク)を程よく組織することでこそ,生徒たちに「学びがい」が生まれて知識が関連づけられたりして,「基礎」を引き上げていくことも期待できるでしょう。

　ただし「思考・判断・表現」の指導と評価を充実させていく際に,授業中の発言やノートの記述やグループワークの様子など,学習活動のプロセスを丁寧に記録に残していくことは「評価疲れ」を招くおそれがありますし,「評価(点検)のための授業」のようになって授業の柔軟性を奪い,学びのプロセスを大事にしているつもりが逆に窮屈なものにしてしまうおそれがあります。これに対して本書は「思考・判断・表現」を試すタスク,あるいは評価問題の充実を核とする観点別評価のあり方を提起することで,評価業務の煩雑さを軽減し,単元という単位での授業改善につなげていく道筋を示していきたいと思います。

生徒に「使える」レベルの学力を育てる

　新学習指導要領でめざされている学力像を捉え評価方法へと具体化していくうえで，学力の3層構造を念頭において考えてみるとよいでしょう（**図1**）。個別の知識・技能の習得状況を問う「知っている・できる」レベル（例：三権分立の三権を答えられる）は，穴埋め問題や選択式の問題など客観テストで評価できます。しかし，概念の意味理解を問う「わかる」レベル（例：三権分立が確立していない場合，どのような問題が生じるのかを説明できる）は知識同士のつながりとイメージが大事で，ある概念について例をあげて説明することを求めたり，頭の中の構造やイメージを絵やマインドマップに表現させてみたり，適用問題を解かせたりするような機会がないと判断できません。さらに，実生活・実社会の文脈における知識・技能の総合的な活用力を問う「使える」レベル（例：三権分立という観点からみたときに，自国や他国の状況を解釈し問題点などを指摘できる）は，実際にやらせてみないと評価できません。思考を伴う実践をさせてみてそれができる力（実力）を評価するのが，パフォーマンス評価です。

　ドリブルやシュートの練習（ドリル）がうまいからといって，バスケットボールの試合（ゲーム）で上手にプレイできるとは限りません。ゲームで活躍できるかどうかは試合の流れ（本物の状況）のなかでチャンスをものにできるかどうかにかかっており，そうした感覚や能力は実際にゲームする中で可視化され，育てられていきます。ところが従来の学校では生徒たちはドリルばかりして，ゲーム（学校外や将来の生活で遭遇する本物の，あるいは本物のエッセンスを保持した活動）を知らずに学校を去ることになっていないでしょうか。このゲームに当たるものを学校で保障し，生きて働く学力を形成していこうというのが「真正の学び（authentic learning）」の考え方です。資質・能力ベースをうたう新学習指導要領がめざすのは，「真正の学び」を通じて「使える」レベルの知識とスキルと情意を一体的に育成することなのです。

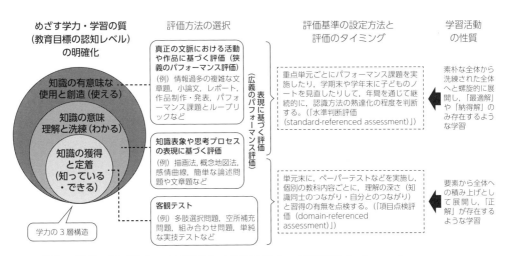

図1. 学力・学習の質（学力の3層構造）と評価方法との対応関係（石井，2012）

「使える」レベルの学力をどう伸ばすか

　試合，コンペ，発表会など，現実世界の真正の活動には，その分野の実力を試すテスト以外の「学びの舞台」（見せ場（exhibition））が準備されています。そして，本番の試合や舞台のほうが練習よりも豊かでダイナミックであり，成長の節目にもなっています。しかし学校の学習は，しばしば豊かな授業（練習）と貧弱な評価（見せ場）という状況になっています。「思考・判断・表現」などの「見えにくい学力」の評価が授業中のプロセスの評価（観察）として遂行される一方で，単元末や学期末の総括的評価は「知識・技能」の習得状況を測るペーパーテストが中心です。既存の方法を問い直し「見えにくい学力」を新たに可視化する評価方法（学びの舞台）の工夫が，十分に行われているとはいえません。めざす学力の幅が広がり，ものさし（評価基準表）がつくられるものの，そのものさしを当てる「見せ場」が準備されていない状況が，授業観察への依存と授業過程の証拠集めや点検作業に追われる状況を生み出してきました。

　日々の授業で粘り強く思考し表現する活動を繰り返すなかで思考力や知的態度を伸ばし切り，課題研究での論文作成・発表会や教科のパフォーマンス課題など，育った実力が節目で試され可視化されるような，テスト以外の「学びの舞台」を設定することが重要です。知識を総合して協働で取り組むような挑戦的な課題を単元末や学期末に設定し，その課題の遂行に向けて生徒たちの自己評価・相互評価を含む形成的評価を充実させて，生徒を伸ばしながらより豊かな質的エビデンスが残るようにしていくのです。

　生徒にとっての「見せ場」となる学びの舞台を軸に，一時間一時間という短いスパンだけではなく，単元レベルの学びのストーリーを意識しながら単元計画や授業を組み立てる。単元末や学期の節目の「使える」レベルの課題や単元を貫く問い（例：学校紹介のキャッチコピーを創る（国語），自分のことで I have a dream that ____.を書いて発表する（英語），「日本はどの国・地域と地域統合すればよいのだろうか」という問いを探究する（社会））を意識しつつ，日々の授業では概念を学び深める「わかる」授業を展開するわけです。最近の小・中学校の教科書の単元展開は学力の3層構造を意識したものになっており，「使える」レベルの課題を軸に単元単位でヤマ場をデザインする発想をもつことが重要です。

　その際，教師目線の「達成」からの逆算で目標に追い込むものというより，生徒目線の「舞台」からの逆算で学びの目的意識を育てていくことが肝要です。部活動の試合や行事等のように，生徒たち自身が「舞台」本番に向けて必要なものを考え準備し練習し，節目でもてるものを総合し使い切る経験を通して，学びは成長へとつながっていくのです。パフォーマンスの振り返り等から，さらなる問いや活動を生成し，授業を超えて主体的に探究を続けることも期待したいところです。

「使える」学力の育成と学校の働き方改革を共に実現するために

　テストの点数に表れない生徒の育ちを評価しようという思いは，日常的に細かく頻繁に評価材料を残そうとする「指導の評価化」に陥りがちです。そのような状況に陥らないためにも，総括的評価と形成的評価とを区別することが重要です。

　思考力・判断力・表現力を形成するために授業過程での生徒たちの活動やコミュニケーションを丁寧に見守り観察（評価）しなければならないのは確かですが，それは形成的評価として意識すべきものです。総括的評価の材料なら，生徒一人一人について確かな根拠を残しながら客観的に評価することが求められますが，形成的評価なら指導の改善につながる程度のゆるさで，抽出でも直観でも大丈夫です。生徒を伸ばすためにはタイミングを逃さずに働きかけることが重要であって，学習状況の把握と記録を意識しすぎてタイミングを逃してはなりません。

　形成的評価と総括的評価を区別し，記録に残す評価・総括的評価のタイミングを焦点化・重点化することで，評価にかかわる負担を軽減することができます。単元計画の毎時間に3観点を細かく割りつける必要はありません。日々の授業は形成的評価を重視して記録に残すことにこだわらず生徒たちの力を伸ばすことに集中します。そのうえで例えば英語であれば単元末や学期の節目に，文法や読解などはペーパーテストで力を試す。他方，話す・聞くといったコミュニケーション能力等はリアルな場面を設定して実際にやらせてみないと確かめられないので，パフォーマンス課題（タスク）に取り組ませて，あるいは学んだことを生かして生徒たちが活発にやり取りを展開したりする「キモ（肝）の一時間」で，意識的に学びの足跡や思考の表現を残すよう生徒に促して，総括的評価を行うという具合です。

　総括的評価のタイミングを焦点化・重点化することは，目標を焦点化・重点化することを意味します。特に「思考・判断・表現」や「主体的に学習に取り組む態度」といったつかみどころのないものは，評価場面を焦点化・重点化し決め打ちすることに不安もあるでしょう。しかし評価の頻度や細かさが評価の妥当性や信頼性を高めるとは限らず，むしろ「これができたら一人前」という評価課題の質こそが重要であり，その教科や単元の中核的な目標を見極めることが必要です。そもそも「この内容を習得させたい」「こういう力を育てたい」といった「ねらい」や「ねがい」をもって生徒たちに働きかけたならば，それが達せられたかどうかという点に自ずと意識が向くものでしょう。「指導と評価を一体化させなくてはならない」と肩に力を入れなくても評価的思考は日々の教育の営みに内在していて，目標を明確にもっていれば自ずと評価は付いてきているものです。日々の授業で「目標と評価の一体化」を意識して出口の生徒の姿で目標を具体的にイメージしておくことで，単元計画で毎時間に観点を割りつけていなくても机間指導等において捉えたいポイントは焦点化・重点化され，授業過程での形成的評価も自ずと促されるでしょう。

2 新3観点で何を測り，育てるのか

旧4観点と新3観点がターゲットとする学力の違い

　新3観点による評価のあり方について，「知識・技能」は事実的で断片的な知識の暗記・再生だけでなく概念理解を重視すること，「主体的に学習に取り組む態度」は授業態度ではなくメタ認知的な自己調整として捉え直し，「知識・技能」や「思考・判断・表現」と切り離さずに評価することなどが強調されています。すべての観点において「思考・判断・表現」的な側面が強まったようですが，従来の4観点との違いをみてみましょう。

　旧4観点の評価では，「知識・理解」「技能」は断片的知識（「知っている・できる」レベル）を穴埋めや選択式などの客観テストで問い，「思考・判断・表現」はおもに概念の意味理解（「わかる」レベル）を適用問題や短めの記述式の問題で問うようなテストが作成される一方で，「関心・意欲・態度」はテスト以外の材料をもとに生徒たちのやる気やまじめさをみるような評価がされていたように思われます（**図2**）。

　いっぽう新3観点の評価は，「知識・技能」は理解を伴って中心概念を習得することを重視して，「知っている・できる」レベルのみならず「わかる」レベルも含むようテスト問題を工夫することが求められます。「思考・判断・表現」は「わかる」レベルの思考を問う問題に加え，全国学力・学習状況調査の「活用」問題のように「使える」レベルの思考を意識した記述式問題を盛り込んでいくこと，また，問いと答えの間が長くて，思考力を試すだけでなく，試行錯誤や知的な工夫としての「主体的に学習に取り組む態度」もあわせて評価できるような，テスト以外の課題を工夫することが求められます（**図3**）。

「知識・技能」の評価と育成のポイント

　「知識・技能」の評価は，「ペーパーテストにおいて，事実的な知識の習得を問う問題と，知識の概念的な理解を問う問題とのバランスに配慮するなどの工夫改善を図るとともに，例えば，児童生徒が文章による説明をしたり，各教科等の内容の特質に応じて，観察・実験をしたり，式やグラフで表現したりするなど実際に知識や技能を用いる場面を設けるなど，多様な方法を適切に取り入れていくことが考えられる」（『報告』，8頁）とされています。「知識・技能」というと年号や単語などの暗記・再生（「知っている・できる」レベルの学力）を思い浮かべがちですが，ここで示されているのは「概念」の意味理解（「わかる」レベルの学力）の重視です。日々の「わかる」授業により理解を伴った豊かな習得

従来の4観点はどのように評価されてきたか

能力・学習活動の階層レベル（カリキュラムの構造）	資質・能力の要素（目標の柱）			
	知識	スキル		情意（関心・意欲・態度・人格特性）
		認知的スキル	社会的スキル	
教科等の枠付けの中での学習 / 知識の獲得と定着（知っている・できる）	事実的知識，技能（個別的スキル）　**知識・理解　技能**	記憶と再生，機械的実行と自動化	学び合い，知識の共同構築	達成による自己効力感
知識の意味理解と洗練（わかる）	概念的知識，方略（複合的プロセス）　**思考・判断・表現**	解釈，関連付け，構造化，比較・分類，帰納的・演繹的推論		内容の価値に即した内発的動機，教科への関心・意欲　**関心・意欲・態度**
知識の有意味な使用と創造（使える）	見方・考え方（原理と一般化，方法論）を軸とした領域固有の知識の複合体	知的問題解決，意思決定，仮説的推論を含む証明・実験・調査，知やモノの創発（批判的思考や創造的思考が深く関わる）	プロジェクトベースの対話（コミュニケーション）と協働	活動の社会的レリバンスに即した内発的動機，教科観・教科学習観（知的性向・態度）

※「関心・意欲・態度」が表からはみ出しているのは，本来学力評価の範囲外にある，授業態度などの「入口の情意」を評価対象にしていることを表すためである。

図2．従来の4観点による観点別評価の実践傾向（石井，2019）

新しい3観点はどのように評価していくか

能力・学習活動の階層レベル（カリキュラムの構造）	資質・能力の要素（目標の柱）			
	知識	スキル		情意（関心・意欲・態度・人格特性）
		認知的スキル	社会的スキル	
教科等の枠付けの中での学習 / 知識の獲得と定着（知っている・できる）	事実的知識，技能（個別的スキル）	記憶と再生，機械的実行と自動化	学び合い，知識の共同構築	達成による自己効力感
知識の意味理解と洗練（わかる）	**知識・技能**　概念的知識，方略（複合的プロセス）	解釈，関連付け，構造化，比較・分類，帰納的・演繹的推論		内容の価値に即した内発的動機，教科への関心・意欲
知識の有意味な使用と創造（使える）	**思考・判断・表現**　見方・考え方（原理と一般化，方法論）を軸とした領域固有の知識の複合体	知的問題解決，意思決定，仮説的推論を含む証明・実験・調査，知やモノの創発（批判的思考や創造的思考が深く関わる）	**主体的に学習に取り組む態度**　プロジェクトベースの対話（コミュニケーション）と協働	活動の社会的レリバンスに即した内発的動機，教科観・教科学習観（知的性向・態度）
豊かなテスト				**豊かなタスク**

図3．新しい3観点による観点別評価の方向性（石井，2019）

（有意味学習）を保障し，記憶に定着しかつ応用の利く知識にして，生きて働く学力を形成していくことが求められているのです。

　「知っている・できる」レベルの評価は重要語句の穴埋め問題や選択問題などの客観テスト，および簡単な実技テストが有効です。これに対して「わかる」レベルの評価は学んだ内容を適用することで解ける適用問題はもちろん，豆電球が光る仕組みについて学習者のイメージや説明を自由に記述させたり（描画法），歴史上の出来事の因果関係やマインドマップを図示させてみたりして，学習者がどのように知識同士をつないでいて内容に対するどのようなイメージを構成しているのかを表現させてみること，あるいは数学の問題を作らせてみて計算の意味を生活と結びつけて捉えられているかどうかを問うことなどが有効です。「三権分立の定義を答えよ」でなく「もし三権分立が成立していなかったらどのような問題が起こりうるか」といった具合に，テストの問い方を工夫してみることも重要です。

「思考・判断・表現」の評価と育成のポイント

　「思考・判断・表現」の評価は「ペーパーテストのみならず，論述やレポートの作成，発表，グループでの話合い，作品の制作や表現等の多様な活動を取り入れたり，それらを集めたポートフォリオを活用したりするなど評価方法を工夫することが考えられる」（『報告』，9頁）とされており，「パフォーマンス評価（Performance Assessment：PA）」の有効性が示されています。PAとは思考する必然性のある場面（文脈）で生み出される学習者の振る舞いや作品（パフォーマンス）を手がかりに，概念の意味理解や知識・技能の総合的な活用力を質的に評価する方法です。現実的で真実味のある場面を設定するなど，学習者の実力を試す評価課題（パフォーマンス課題）を設計し，それに対する活動のプロセスや成果物を評価するわけです。パフォーマンス課題の例としては，学校紹介VTRにBGMをつける音楽科の課題，電気自動車の設計図（電気回路）を考えて提案する理科の課題，地元で実際に活動している人たちとともに浜辺のごみを減らすためのアクションプランを考案して地域住民に提案する社会科の課題などがあります。文脈に応じて複数の知識・技能を総合する「使える」レベルの思考力を試すのがパフォーマンス課題です。

　「真正の学び」につながる「使える」レベルの思考は基本的にはタスク（課題）でこそ評価しうるものですが，作問を工夫することで，ペーパーテストで思考過程のポイントを部分的に問うことはできます。たとえば，全国学力・学習状況調査の「活用」問題や，それと同じ傾向の各都道府県の高校入試の問題，あるいは大学入学共通テストの問題などには，そうした作問の工夫を見出すことができます。また大学の二次試験などの論述問題は，大学人目線でみた玄人な問いが投げかけられ，「学問する」力を試すものとなっていることがあります。単元で取り組んだパフォーマンス課題について，文脈を変えたりして評価問題を作成することも考えられるでしょう。

「主体的に学習に取り組む態度」の評価と育成のポイント

　「主体的に学習に取り組む態度」は「単に継続的な行動や積極的な発言等を行うなど，性格や行動面の傾向を評価するということではなく，（中略）知識及び技能を獲得したり，思考力，判断力，表現力等を身に付けたりするために，自らの学習状況を把握し，学習の進め方について試行錯誤するなど自らの学習を調整しながら，学ぼうとしているかどうかという意思的な側面を評価することが重要である」（『報告』，10頁）とされ，それは「①粘り強い取組を行おうとする側面」と「②粘り強い取組を行う中で，自らの学習を調整しようとする側面」という2つの側面で捉えられると説明されています。

　情意の中身を考える際は，学習を支える「入口の情意」（興味・関心・意欲など）と，学習を方向づける「出口の情意」（知的態度，思考の習慣，市民としての倫理・価値観など）とを区別してみるとよいでしょう。授業態度などの「入口の情意」は授業の前提条件として教材の工夫や教師の働きかけで喚起するものであり，授業の目標として掲げ意識的に評価するものというよりは，授業の進め方を調整する手がかりとなるものです。他方で，一言一言へのこだわり（国語），物事を多面的・多角的に捉えようとする態度（社会）や，条件を変えて考えてみたらどうなるかと発展的に問いを立てようとする態度（数学）など，教科の中身に即して形成される態度や行動の変容は「出口の情意」であり，知識や考える力と共に育っていく教科の目標として位置づけうるものです。

　『報告』からは，「主体的に学習に取り組む態度」は単に継続的なやる気（側面①）を認め励ますだけでなく，各教科の見方・考え方を働かせて，その教科として意味ある学びへの向かい方（側面②）ができているかどうかという，「出口の情意」を評価していく方向性がみて取れます。スポーツにしても勉強にしても，がんばりの量（粘り強く試行錯誤すること）だけでなく，がんばりの質（反省的に工夫すること）が重要というわけです。

　『報告』では「主体的に学習に取り組む態度」のみを取り出して評価することは適切でなく，「思考力・判断力・表現力」などと一体的に評価していく方針が示されています。問いと答えの間が長く試行錯誤のあるパフォーマンス課題（思考のみならず，粘り強く考える意欲や根拠に基づいて考えようとする知的態度なども自ずと要求される）を設計し，その過程と成果物を通して「思考・判断・表現」と「主体的に学習に取り組む態度」の両方を評価するわけです。例えば「俳句」の学習で句会を開き互いに味わい合うことを通して俳句を作り読み取る力を試すと共に，句を作るうえでこだわって試行錯誤や工夫したことを振り返りにまとめることで，主体性を合わせて評価することが考えられるでしょう。その時点でうまくできたり結果を残せたりした部分の評価と共に，そこに至る試行錯誤の過程でみせた粘り，あるいは筋（センス）のよさにその子の伸び代を見出し，評価するという具合です。スマートで結果につながりやすい学び方をする子だけでなく，結果にすぐにはつながらなくても，泥臭く誠実に熟考する子も含めて，教科として意味ある学びへの向かい方として，おもに加点的に評価していく方向性がよいでしょう。

3 単元設計と評価課題・評価問題の一体的な改善へ

学びの節目で「総合」問題に取り組む機会をつくる

　観点別評価は一時間単位ではなく，単元単位に注目しながら授業と学びをデザインすることを促すものです。教師主導で内容を順次網羅するのではなくここ一番で時間をかけて，教師の支援や見守りの下で，生徒主体で主体的に協働的に問いやテーマを掘り下げる，あるいは学んだことを総合して挑戦的な課題に取り組む。教師が教える舞台ではなく生徒が学ぶ舞台として授業を組み立て，わかるように教師から教えられるだけでなく，学び取ることや考え抜くことを生徒たち自身が経験できるようにしていくことが肝要です。

　これまでも教師たちは生徒たちの考える力を育ててきましたが，多くの場合，日本の教科学習は知識を問題解決的に発見的に学ばせる過程で，知識をつないだり構造化したりする「わかる」レベルの思考（比較・分類などの理解志向）を育てようとするものでした。これに対し「使える」レベルの思考は，現実的な問題解決・意思決定などの応用志向です。

　その違いに関しては，ブルームの目標分類学において問題解決が，「適用（application）」（特定の解法を適用すればうまく解決できる課題）と「総合（synthesis）」（論文を書いたり，企画書をまとめたりと，これを使えばうまくいくという明確な解法のない課題に対して，手持ちの知識・技能を総動員して取り組まねばらない課題）の2つのレベルに分けられていることが示唆的です。「わかる」授業を大切にする日本の学校で応用問題は「適用」問題が主流だったといえます。しかし「使える」レベルの学力を育てるには，折に触れて「総合」問題に取り組ませることが必要です。単元というスパンで学びをデザインし，単元末などに「使える」レベルの「総合」問題に取り組む機会を保障しつつ，毎時間の実践では「わかる」授業を展開するとよいでしょう（**表1**）。

「学びの舞台」を軸に「末広がり」の単元を構想する

　こうして，学力の3層構造を意識しながら「学びの舞台」づくりとして観点別評価を実施していくことは，単元の学びの組立てを「末広がり」にしていきます。これまで中学校では単元単位で学びを構想する視点は多少あるものの，多くの場合，単元や授業の導入部分で具体例的に生活場面が用いられても，そこからひとたび科学的概念への抽象化（わたり）がなされたら，後は抽象的な教科の世界の中だけで学習が進みがちで，元の生活場面に「もどる」（知識を生活に埋め戻す）ことはまれです。さらに，単元や授業の終末部分

18

表1. 学力の質的レベルに対応した各教科の課題例（石井, 2020b）

	国語	社会	数学	理科	英語
「知っている・できる」レベルの課題	漢字を読み書きする。文章中の指示語の指す内容を答える。	歴史上の人名や出来事を答える。地形図を読み取る。	図形の名称を答える。計算問題を解く。	酸素、二酸化炭素などの化学記号を答える。計器の目盛りを読む。	単語を読み書きする。文法事項を覚える。定型的なやり取りをする。
「わかる」レベルの課題	論説文の段落同士の関係や主題を読み取る。物語文の登場人物の心情をテストの記述から想像する。	扇状地に果樹園が多い理由を説明する。もし立法、行政、司法の三権が分立していなければ、どのような問題が起こるか予想する。	平行四辺形、台形、ひし形などの相互関係を図示する。三平方の定理の適用題を解き、その解き方を説明する。	燃えているろうそくを集気びんの中に入れると炎がどうなるか予想し、そこで起こっている変化を絵で説明する。	教科書の本文で書かれている内容を把握し訳す。設定された場面で、定型的な表現などを使って簡単な会話をする。
「使える」レベルの課題	特定の問題についての意見の異なる文章を読み比べ、それらをふまえながら自分の考えを論説文にまとめる。そして、それをグループで相互に検討し合う。	歴史上の出来事について、その経緯とさまざまな立場の声を紹介し、その意味を論評する歴史新聞を作成する。ハンバーガー店の店長になったつもりで、駅前のどこに出店すべきかを考えて、企画書にまとめる。	ある年の年末ジャンボ宝くじの当せん金と、1千万本当たりの当せん本数をもとに、この宝くじの当せん金の期待値を求める。教科書の問題の条件をいろいろと変えて発展的に問題をつくり、追究の過程と結果を数学新聞にまとめる。	クラスでバーベキューをするのに一斗缶をコンロにして火を起こそうとしているが、うまく燃え続けない。その理由を考えて、燃え続けるためにどうすればよいかを提案する。	まとまった英文を読んでポイントをつかみ、それに関する意見を英語で書いたり、クラスメートとディスカッションしたりする。外国映画の一幕をグループで分担して演じ、発表会を行う。

では、問題演習など機械的で無味乾燥な学習が展開されがちです（尻すぼみの構造）。

　これに対して、よりリアルで複合的な現実世界において科学的概念を総合する、「使える」レベルの学力を試す課題を単元や学期の節目に盛りこむことは、「末広がり」の構造へと単元構成を組み替えることを意味します。単元の最初のほうで単元を貫く問いや課題を共有することで、「見せ場」に向けた学びの必然性を単元レベルで生み出すこともできるでしょう。そして「もどり」の機会があることによって、概念として学ばれた科学的知識は、現実を読み解く眼鏡（ものの見方・考え方）として学び直されるのです。

「逆向き設計」論を生かしてゴールまでの道筋をデザインする

　ウィギンズ（Wiggins, G.）らの「逆向き設計（backward design）」論は「目標と評価の一体化」の一つのかたちであり、次のような順序でカリキュラムを設計していくことを主張します。①生徒に達成させたい望ましい結果（教育目標）を明確にする。②そうした結果が達成されたことを証明する証拠（評価課題・評価問題、評価規準・評価基準）を決める。③学習経験と指導の計画を立てる。

　いわば教師が実現したい中核的な目標を、生徒たちの学びの実力が試される見せ場とし

て具体化し，そのゴールの見せ場に向けてカリキュラムを設計するわけです。「逆向き設計」論は，細かい知識の大部分を忘れてしまった後も残ってほしいと教師が願う「永続的な理解（enduring understanding）」（例：目的に応じて，収集した資料を表，グラフに整理したり，代表値に注目したりすることで，資料全体の傾向を読み取ることができる）と，そこに導く「本質的な問い（essential question）」（例：「全体の傾向を表すにはどうすればよいか？」という単元の問い，さらに「資料の活用」領域で繰り返し問われる「不確実な事象や集団の傾向を捉えるにはどうすればよいか？」という包括的な問い）に焦点を合わせ，それを育み評価するパフォーマンス課題を軸に単元を設計することで少ない内容を深く探究し，結果として多くを学ぶこと（less is more）を実現しようとします。

核となる評価課題・評価問題で単元に背骨を通す

　単元のコアとなる評価課題・評価問題（学びの舞台）からゴール逆算的に設計する「末広がり」の単元は，**図4**のようなかたちで組み立てることができます。

　一つは，パーツ組立て型で，内容や技能の系統性が強い教科や単元になじみやすいものです。例えば，栄養学の知識を用いてバランスの取れた食事を計画する課題を中心とした単元において，「健康的な食事とは何か」という問いを設定する。生徒たちは，自分の家族の食事を分析してその栄養価を改善するための提案をしたりするパフォーマンス課題を遂行する際にその問いを繰り返し問う。こうして問いに対する自分なりの答え（深い理解）を洗練していくといった具合です。

　もう一つは繰り返し型です。説得力のある文章を書く単元において，単元の最初に生徒たちは，文章の導入部分を示した4つの事例に関して，どれが一番よいか，その理由は何かという点について議論する。こうして，よい導入文の条件を整理し，自分たちの作ったルーブリックを念頭に置きながら，説得力のある文章を書く練習に取り組んでいくといった具合です。

　パーツを組み立てて総合するにしても，まとまった単位の活動を拡張しつつ繰り返すにしても，①概念や技能を総合し構造化する表現（例：電流のイメージ図や江戸時代の3大改革のキーワードを構造化した概念マップなど，頭の中の知識の表現を，単元前後で書か

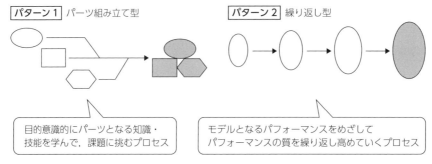

図4．単元構成における，パフォーマンス課題の位置づけ（西岡，2008。ふき出しは引用者による）

せてその変容で伸びを実感する），あるいは，②主題や論点の探究（例：自分たちの住む○○県のPR活動のプランニングをするために，地域調査を行ったり，それに必要な知識や技能を習得したり，新たな小課題を設定したりして，現状認識や解決法を洗練していく）を，単元の背骨を形成する課題とするとよいでしょう。

授業づくりと単元づくりで「ヤマ場」を意識する

　授業は教材を媒介とした教師と生徒との相互作用の過程であって，始めから終わりまで一様に推移するわけではありません。それゆえ授業過程で繰り広げられる教師と生徒の活動内容には，時間的推移に沿って一定の区切り（「導入−展開−終末（まとめ）」といった教授段階）を取り出すことができます。すぐれたドラマや演奏には感情のうねり，展開の緩急，緊張と弛緩などの変化があり，それが人々の集中を生み出したり，心をゆさぶったり，経験の内容や過程を記憶に焼きつけたりします。すぐれた授業にも同じ性質がみられます。

　授業は教科書通り流すものや次々と脈絡なく課題をこなし流れるものではなく，ドラマのようにリズムや緩急やヤマ場があり，ストーリー性をもって局面が「展開」するものとして捉えるべきです。ゆえに「展開」段階はまさに「展開」の名に値するものとしてデザインされねばなりません。展開の段階においては，授業の「ヤマ場（ピーク）」をつくれるかどうかがポイントになります。授業はいくつかの山（未知の問いや課題）を攻略していきながら教材の本質に迫っていく過程です。この山に対して教師と生徒たちが，それぞれに自分のもてる知識や能力を総動員し討論や意見交流を行いながら，緊張感を帯びた深い追究を行えているかどうかが，授業のよしあしを決定する一つの目安となります。

　「授業において導入がいのち」というのは，「導入を盛り上げる」ということとは異なります。盛り上がった先には盛り下がるのであって，導入ではむしろ生徒たちの追究心に静かに火を付けること，学びのための知的な雰囲気と学びの姿勢を形成し，学びのスタート地点に生徒たちを立たせることに心を砕くべきです。そしてヤマ場に向けて生徒たちの追究心をじわじわ高め，思考を練り上げ，終末段階において，教えたい内容を生徒たちの心にすとんと落とすといった具合に，1時間の授業の展開のストーリーを描く展開感覚が授業づくりでは重要なのです。そうした授業レベルで意識されてきたヤマ場を軸にしたストーリー性を，「学びの舞台」を軸に単元レベルでも意識するとよいでしょう。

　「ヤマ場」は授業者の意図として「思考を深めたい」場所で，「見せ場」は生徒にとって「思考（学習成果）が試される場所」（手応えを得られる機会）です。授業のヤマ場の豊かな学びよりもテストという貧弱な見せ場に引きずられる状況を超えて，ヤマ場と見せ場を関連づけることで「学びの舞台」が生徒たちにとって真に学びの目標となる「見せ場」になるよう学びのストーリーを組み立て，単元や授業のヤマ場を構想していくことが重要です。

学力の質や観点に応じて総括のタイミングを柔軟化する

　単元や年間を通して生徒を長期的に見守り育てていくうえで，年間の学力評価計画を立てておくことが有効です。その際，学力の質や観点に応じて，総括のタイミングを柔軟に運用することが肝要です。「知識・技能」は授業や単元ごとの指導内容に即した「習得目標」について，理解を伴って習得しているかどうか（到達・未到達）を評価する（項目点検評価としてのドメイン準拠評価）。いっぽう「思考・判断・表現」は長期的でスパイラルな育ちの水準をルーブリックのような段階的な記述（熟達目標）のかたちで明確化し，重要単元ごとに類似のパフォーマンス課題を課すなどして，学期や学年の節目でパフォーマンスの洗練度や成長を評価するわけです（水準判断評価としてのスタンダード準拠評価）。「知識・技能」は単元テストや定期テストで，「思考・判断・表現」や「主体的に学習に取り組む態度」は重点単元や学期の節目の課題でといった具合です（図5）。

　その際，単元を超えて繰り返す類似のパフォーマンス課題の設定や年間指導計画における位置づけがポイントとなるでしょう。単元で学んだ内容を振り返り総合的にまとめ直す「歴史新聞」を重点単元ごとに書かせることで，概念を構造化・体系化する思考の長期的な変化を評価する。さまざまな単元において実験レポートをまとめたり，時には自ら実験計画を立てたりすることを求めたりして，科学的探究力を育て評価する。あるいは，学期に数回程度，現実世界から数学的にモデル化する思考を伴う問題解決に取り組ませ，思考の発達を明確化した一般的ルーブリックを一貫して用いて評価することで，数学的モデル化や推論の力の発達を評価する。勝負の授業，単元末の課題，あるいは，中間，期末などの学期の節目といった，長い時間軸で成長を見守り，学びの舞台を設定して見せ場で伸ばすわけです。

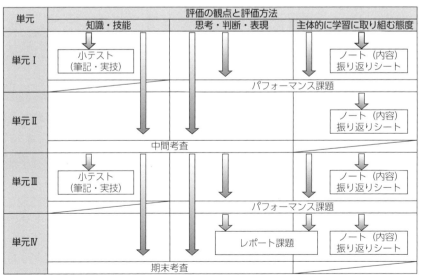

図5. 各観点の評価場面の設定（大阪府教育委員会『新学習指導要領の趣旨を踏まえた「観点別学習状況の評価」実施の手引き（令和3年1月）』, 15頁）

第 **2** 章

数学科の観点と
評価の実際

---

1 数学科における評価の基本的な考え方

（1）「逆向き設計」の考え方で，「評価問題・課題」を先に作成する

　学習評価の充実を図るうえでポイントになるのは，「評価課題・問題」，さらにいえば，「テスト問題」「レポート課題」を，いつ，どのタイミングで作成するかにあります。

　従来は，主たる教材である教科書で指導し，その進度に応じて後付けで「テスト問題」を作成することが多かったのではないでしょうか。このような「指導に評価を一体化する」スタイルの場合，生徒の学習状況に応じて問題作成ができるという利点はありますが，授業者の指導観がそのままテスト問題に表れます。また，旧態依然とした用語の穴埋めや技能の計算問題等に偏ることも多くあります。

　これからは「指導を評価と一体化する」スタイルで，「評価問題・課題」を先に作るイメージをもつようにしましょう。次の**表1**に示すように，「逆向き設計」の考え方で，単元の指導と評価の計画を立てる前に，まず指導目標が達成されたことを証明する証拠を決めます。このタイミングで，「評価問題・課題」つまりテスト問題・レポート課題等を作成するのです。

表1：「逆向き設計」の考え方と，授業づくりの手順の例

「逆向き設計」の考え方	授業づくりの手順の例
①生徒に達成させたい望ましい結果（教育目標）を明確にする。	①学習指導要領の「学年の目標」や「内容」を踏まえ，単元の指導目標を明確にする。
②そうした結果が達成されたことを証明する証拠（評価課題・評価規準）を決める。	②-1「内容のまとまりごとの評価規準（例）」を参考に，単元の評価規準を設定する。 ②-2「評価問題・課題」を決める。
③学習経験と指導の計画を立てる。	③単元の指導と評価の計画を立てる。

　表1の②のように，単元の評価規準を設定すると同時に，それぞれの評価規準に係る「評価問題・課題」を決めます。その際，必要に応じて出題のねらいを焦点化し，「知識・技能」「思考・判断・表現」の2つの観点の評価規準について一通りチェックできるようにしたうえで，「評価問題・課題」と連動した授業づくりを構想することが大切です。

　数学の問題発見・解決の過程として，日常生活や社会の事象への活用・意味づけを図る過程と，数学の事象における統合・発展／体系化を図る過程の両方が重視されている（中

央教育審議会，2016）ことを踏まえ，「思考・判断・表現」の観点で適宜パフォーマンス課題を課すなど，生徒が目的意識をもって主体的に学習に取り組めるようにしましょう。

中学校学習指導要領数学科「第2学年A数と式（1）文字を用いた式」を例に考えます。『「指導と評価の一体化」のための学習評価に関する参考資料中学校　数学』（国立教育政策研究所教育課程研究センター，2020，以下『参考資料』）の「内容のまとまりごとの評価規準（例）」をみると，この単元では「知識・技能」の観点で4つ，「思考・判断・表現」の観点で2つの計6つの評価規準が示されています。それをもとに単元の評価規準を設定しますが，その際，それぞれの観点に対する「評価問題・課題」6題を単元におけるターゲットの問題として先に決めます。例えば，「思考・判断・表現」の観点で「文字を用いた式を具体的な場面で活用することができる」という評価規準を設定するのであれば，それに係る「評価問題・課題」として，テスト問題・レポート課題等に取り上げる「具体的な場面（活用場面）」と，どのような「評価問題・課題」で問うかなどをあらかじめ決めます。評価問題・課題は，授業等で扱う場面を取り上げて反復練習したうえで問う場合と，授業では扱わない初見の場面を取り上げて本番1回勝負で問う場合が考えられます。なお「評価問題・課題」の作成にあたっては，全国学力・学習状況調査中学校数学の問題や出題の仕方などを参考にすることも考えられます。

「主体的に学習に取り組む態度」の観点については，関連する「知識・技能」や「思考・判断・表現」の観点の状況を踏まえたうえで評価を行うようにします。したがって，この段階では，主として「知識・技能」と「思考・判断・表現」の2つの観点の評価に係るものを先に考えることにします。あらかじめ設定した「評価問題・課題」のクリアに向けて授業を行い，学習活動を通して見取った学習状況を，その都度指導の改善に生かすとともに，「主体的に学習に取り組む態度」の観点についても評価を行います。

このようにして，「評価問題・課題」のクリアを授業におけるターゲットとして常に意識することで，おのずと日々の授業における形成的評価の必要な場面が明らかになります。それにより，ヤマ場となる学習活動や評価場面が，単元の指導と評価の計画に反映され，授業づくりと一体化していくはずです。これが，「指導を評価と一体化する」スタイルのおおまかな考え方になります。

このように考えると，「単元の評価規準」は，資質・能力ベースで行うテストの範囲表ともいえるものであり，従来のような，教科書のページベースで指導計画を立てたり，テスト範囲を示したりする内容ベースのスタイルからの脱却を図る鍵となるものかもしれません。

(2) 数学科における学習指導要領の「内容」から，「単元の評価規準」を作成する手順

各学校で，学習指導要領の「学年の目標」や「内容」に対応して単元の目標を作成し，『参考資料』に示された基本的な手順を踏まえ，「内容のまとまりごとの評価規準（例）」をもとに，「単元の評価規準」を設定します。

「第2学年B図形（3）図形の合同」を例に考えた場合，**表2**のように作成することが考

表2：単元の評価規準ができるまで　〔第2学年〕B　図形（2）　図形の合同

学習指導要領の内容	知識及び技能	思考力，判断力，表現力等	学びに向かう力，人間性等
	ア 次のような知識及び技能を身に付けること。 （ア）平面図形の合同の意味及び三角形の合同条件について理解すること。 （イ）証明の必要性と意味及びその方法について理解すること。	イ 次のような思考力，判断力，表現力等を身に付けること。 （ア）三角形の合同条件などを基にして三角形や平行四辺形の基本的な性質を論理的に確かめたり，証明を読んで新たな性質を見いだしたりすること。 （イ）三角形や平行四辺形の基本的な性質などを具体的な場面で活用すること。	※第2学年「目標」より （3）数学的活動の楽しさや数学のよさを実感して粘り強く考え，数学を生活や学習に生かそうとする態度，問題解決の過程を振り返って評価・改善しようとする態度，多様な考えを認め，よりよく問題解決しようとする態度を養う。

内容のまとまりごとの評価規準（例）	知識・技能	思考・判断・表現	主体的に学習に取り組む態度
	・平面図形の合同の意味及び三角形の合同条件について理解している。 ・証明の必要性と意味及びその方法について理解している。	・三角形の合同条件などを基にして三角形や平行四辺形の基本的な性質を論理的に確かめたり，証明を読んで新たな性質を見いだしたりすることができる。 ・三角形や平行四辺形の基本的な性質などを具体的な場面で活用することができる。	・証明のよさを実感して粘り強く考え，図形の合同について学んだことを生活や学習に生かそうとしたり，平面図形の性質を活用した問題解決の過程を振り返って評価・改善しようとしたりしている。

単元の評価規準（筆者作成）	知識・技能	思考・判断・表現	主体的に学習に取り組む態度
	①平面図形の合同の意味および三角形の合同条件について理解している。 ②命題の仮定や結論などを記号を用いて表したり，その意味を読み取ったりすることができる。 ③証明の必要性と意味およびその方法について理解している。 ④正方形，ひし形および長方形が平行四辺形の特別な形であることを理解している。	①命題が常に成り立つとは限らないことを示すために，反例を1つあげることができる。 ②三角形の合同条件などをもとにして三角形や平行四辺形の基本的な性質を論理的に確かめたり，証明を読んで新たな性質を見いだしたりすることができる。 ③三角形や平行四辺形の基本的な性質などを具体的な場面で活用することができる。	①証明のよさを実感して粘り強く考えようとしている。 ②図形の合同について学んだことを生活や学習に生かそうとしている。 ③平面図形の性質を活用した問題解決の過程を振り返って評価・改善しようとしている。

えられます。

　「知識・技能」の観点では，「内容のまとまりごとの評価規準（例）」から「単元の評価規準（筆者作成）」の①，③を設定しています。加えて，学習指導要領の第2学年の目標に「基礎的な概念や原理・法則などを理解する」や「数学的に表現・処理したりする技能を身に付ける」と示されていることから，〔用語・記号〕の用語等に関連して②を，また，〔内容の取扱い〕に「正方形，ひし形及び長方形が平行四辺形の特別な形であることを取り扱う」と示されていることから④を位置付けています。

　「思考・判断・表現」の観点では，「内容のまとまりごとの評価規準（例）」からそのまま「単元の評価規準（筆者作成）」の②，③を設定し，〔用語・記号〕の「反例」に関連して①を位置付けています。

　「主体的に学習に取り組む態度」の観点は，「内容のまとまりごとの評価規準（例）」を3つに分割する形で，「単元の評価規準（筆者作成）」の①，②，③として設定しています。なお，「主体的に学習に取り組む態度」の評価では，知識および技能を獲得したり，思考力，判断力，表現力等を身に付けたりするために，自らの学習を調整しようとしているか，粘り強く学ぼうとしているかという2つの側面から評価を行うことが求められています。そこで，他の2つの観点の評価規準との関連等も考慮しながら単元の評価規準を設定します。

(3) ペーパーテストの位置づけ

　数学科では，評価はペーパーテストで行うことが多いと思います。その際，単元の評価規準を焦点化し，出題のねらいとして明確化する必要があります。もちろん，1つの評価規準を，1問の正誤で判断できるわけではないので，授業中の観察や小テスト，レポートの作成等，多様な方法を適切に取り入れながら生徒の学習状況を見取り，単元末や学期末のテスト等では「生徒に最低限クリアしてほしい問題・課題」として出題することが大切です。

　表3は，表2に示した単元の評価規準とそれに対応する単元テストの出題のねらいを一覧にしたものです。テスト問題については，各評価規準に係る全国学力・学習状況調査の問題を取り上げるようにして，問題作成の負担を減らしつつ，必要に応じて一部を自作して行っています。

表3：単元の評価規準と出題のねらい　〔第2学年〕B　図形（2）　図形の合同

知識・技能	①平面図形の合同の意味および三角形の合同条件について理解している。 　・三角形の合同条件の意味を理解しているか。＜H28 全国学調A7（2）＞ ②命題の仮定や結論などを記号を用いて表したり，その意味を読み取ったりすることができる。 　・図形の性質などを，記号を用いて表すことができるか。＜H22 全国学調A7（3）＞ ③証明の必要性と意味およびその方法について理解している。 　・証明の必要性と意味を理解しているか。＜H22 全国学調A8＞

	④正方形，ひし形および長方形が平行四辺形の特別な形であることを理解している。 ・長方形やひし形が平行四辺形の特別な形であることを理解しているか。 　＜H30 全国学調 7 （2）＞
思考・判断・表現	①命題が常に成り立つとは限らないことを示すために，反例を 1 つあげることができる。 ・命題が正しくないことを証明するために反例をあげることができるか。 　＜H26 全国学調 B 2 （3）＞ ②三角形の合同条件などをもとにして三角形や平行四辺形の基本的な性質を論理的に確かめたり，証明を読んで新たな性質を見いだしたりすることができる。 ・構想や方針をもとに，図形の性質を証明することができるか。 　＜H25 全国学調 B 4 （1）＞ ・図形の性質などを証明するために，構想や方針を立てることができるか。 　＜H25 全国学調 B 4 （2）＞ ・図形の証明を振り返り，条件を見直し，新たな性質について調べることができるか。 　＜H27 全国学調 B 4＞ ③三角形や平行四辺形の基本的な性質などを具体的な場面で活用することができる。 ・垂線の作図の手順を，三角形の合同を使って見直すことができるか。 ・垂線の作図を振り返り，角の二等分線の作図の手順について説明することができるか。

　このように単元の評価規準にかかわって，授業からテストまでの間に，形成的評価を繰り返したり，記録に残す評価を上書き補正したりしながら，最終的には，生徒が最も成績に直結すると信じているテスト等の時点で総括的評価が確定するイメージで，テストを成績アップのリベンジチャンスと考え，評価を行います。

2 数学科におけるおもな評価方法

　これまで述べてきたとおり，中学校数学科では，学習指導要領の「学年の目標」や「内容」が単元の指導目標にシンプルに対応しており，「内容のまとまりごとの評価規準（例）」をもとに，「単元の評価規準」を各学校が設定する手順も比較的容易です。

　「知識・技能」と「思考・判断・表現」の単元の評価規準に対応したターゲットの問題を用意しておくことが必要です。つまり，生徒の学習状況の判定（評定）のための総括的評価は，目的意識的に指導したことを中心に，ターゲットとした問題を中心とした確かな証拠をもとに客観的に評価するとともに，授業中の行動観察や小テストでそれを補完する形で，形成的評価等を取り入れることが大切です。

（1）1単位時間の授業における評価

　日々の授業では，学習指導とそれに係る評価のためだけに生徒の様子を見取っているわけではありません。生徒の学びの充実を図るため，生徒指導や健康観察等も含め，さまざまな視点で表情や行動等を見取って対応しています。「評価」だからと，必要以上に記録（証拠集め）をしていては，別なところで生徒が発するさまざまなサインを見落とすことになりかねません。

　そこで，評価場面の精選をすることが大切です。それにより，授業では，指導のねらいを焦点化し，生徒の学習状況を適宜把握して指導に生かすことに重点を置くことが可能になります。以下に，「第2学年B図形（2）図形の合同　平行四辺形の性質」の1単位時間分の実践例と評価のポイントを示します。

＜実践例：第2学年B図形（2）図形の合同「平行四辺形の性質」＞

　本時では，指導のねらいを「三角形の合同条件などをもとにして平行四辺形の基本的な性質を論理的に確かめることができるようにする」として，「思考・判断・表現」の観点で評価します。机間指導を駆使して行動観察等を行ったり，形成的評価の際に生徒のつぶやきや戸惑いを発見し，解消を図ったり，授業後半に向けて生徒の数学的な見方・考え方が働くように仕掛けています。

＜指導と評価のポイント＞

①導入場面

　はじめに「平行四辺形では，2組の対辺はそれぞれ等しい」ことを証明します。ここでは，まずは証明の方法についての理解や，命題の仮定や結論を記号を用いて表す

ことなどの知識や技能を用いる場面として，机間指導
では前時までの学習状況を確認するための形成的評価
（指導に生かす評価）を重視します。ここで，必要な
フィードバックや補足説明等を行った後，本時の学習
課題を明確にしていきます。

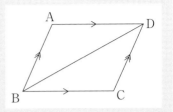

②展開場面

　次に「平行四辺形では，2組の対角はそれぞれ等しい」の証明を行います。生徒が
はじめの証明を参考にして，見通しをもって証明を書くことができているかを，ノー
トの記述等により見取っていきます（判断にあたっては，記号の書き忘れ等の表現不
十分をある程度許容し，証明の筋道が正しいとわかることを重視します）。ここでは，
本時の評価規準に照らして，明らかに「努力を要する」状況（C）の生徒を見いだす
ことを優先し，（暫定的に，それ以外の生徒は「おおむね満足できる」状況（B）以
上とみなします）指導に生かすとともに，以後の学習活動による改善ができるかを注
視します。例えば，話し合い活動の中で，「3組の辺がそれぞれ等しい」の三角形の
合同条件をもとにした別証明に取り組んでいる生徒（おそらく，はじめの証明の一部
を変えるだけでよいことに気付いていない）がいると，「これっていいのかな？」「確
かに，さっき証明したから，根拠に使っていいんじゃないの？」など，対話的な学び
が広がり，証明した性質を根拠として用いることについて働きかけることができます。

③終末場面

　最後に「平行四辺形では，対角線はそれぞれの中点で交わる」の証明を行います。
本時の主たる評価場面です。ここでは，はじめに証明した「平行四辺形では，2組の
対辺はそれぞれ等しい」を根拠として用いる必要があります。つまり，先ほどの別証
明に係る対話的な学びがここにつながり，2つ目の証明では，はじめの証明を少しア
レンジするだけだった多くの生徒も，この場面では自らの学習を調整しようとした
り，粘り強く取り組もうとしたりするようになるのです。したがって，3つの証明を
通して態度の変容等を「主体的に学習に取り組む態度」の観点で一体的に評価するこ
ともできます。

(2) 単元や内容のまとまりにおける評価

　評価の記録については，単元や題材等のまとまりを見通して，それぞれの実現状況が把
握できる段階で評価を行うなど評価場面の精選をすることが大切です。

①各評価規準についての評価方法

　学習指導要領では，第2学年B図形（2）図形の合同イ（ア）の目標として，「三角形の
合同条件などをもとにして三角形や平行四辺形の基本的な性質を論理的に確かめたり，証
明を読んで新たな性質を見いだしたりすること」と示されています。単元の指導と評価の
計画を立てると，**表4**のように，この「思考・判断・表現」の評価では，7時間にまたがっ

て見取りや評価が必要なことがわかります。

表4：指導と評価の計画　　第2学年B図形（2）図形の合同イ（ア）

指導のねらい
・三角形の合同条件などをもとにして三角形の基本的な性質を論理的に確かめたり，証明を読んで新たな性質を見いだしたりすることができるようにする。 　第7時　：三角形の合同条件をもとにして三角形の基本的な性質を証明すること。＜記録に残さない評価＞ 　第12時：二等辺三角形の底角の性質を証明すること。＜見取り＞ 　第12時：二等辺三角形の底角の性質の証明を読み，新たに二等辺三角形の頂角の二等分線の性質を見いだすこと。＜見取り＞ 　第13時：正三角形の性質を証明すること。＜見取り＞ 　第15時：二等辺三角形になるための条件を論理的に確かめること。＜見取り＞ 　第18時：直角三角形の合同条件を考え，説明すること。＜見取り＞ 　第23時：平行四辺形の性質を証明すること。＜記録に残さない評価＞ 　第24時：三角形や平行四辺形の基本的な性質を論理的に確かめること。＜記録に残す評価＞

　このとき，7時間でさまざまな図形の性質を扱いますが，評価規準としては1つと考えると，それぞれの時間には適宜見取りや記録に残さない評価（形成的評価）を行うようにして，単元の後半の評価を重視する方法が考えられます。

　次の**表5**は，評価規準について，第7時からの評価の変容がみえるようにした評価の例です。

表5：評価の例　　第2学年B図形（2）図形の合同イ（ア）

評価規準　＜思考・判断・表現＞
・三角形の合同条件などをもとにして三角形や平行四辺形の基本的な性質を論理的に確かめたり，証明を読んで新たな性質を見いだしたりすることができる。

番	第7時	第12時	第13時	第15時	第18時	第23時	第24時	テスト	総括	備考
1	Ⓑ			A		Ⓐ	❹	❹	A	
2	Ⓑ					Ⓐ	❹	Ⓑ	A	テスト結果は不本意
3	Ⓒ	C		C		Ⓑ	❸	❹	A	テストで大躍進

※●は総括に用いる評価，○は形成的な評価

　このように表にすると，毎時間記録しているようにみえますが，総括に用いる（記録に残す）評価は第24時とテストのみで，それ以外の時間では形成的評価や見取りを必要に応じて位置づけています。

　第7時ではまず，評価規準に照らして，明らかに「努力を要する」状況（C）の生徒を見いだし，暫定的に，それ以外の生徒は「おおむね満足できる」状況（B）以上とみなし

ます（Cの生徒を特に注視して見取ります）。そこから第15時まで，第23時までと，授業の進行に合わせて学習状況を見取り，評価を上書き補正していくことが考えられます。このようにして第24時の評価場面を見通して，多くの生徒がB以上の力をつけるように，見取りと指導を行うことが大切です。また，「十分満足できる」状況（A）と判断できる生徒の姿は多様に想定されるため，数時間のまとまりを通して，学習の状況が質的な高まりや深まりをもっていると判断される場合には記録に残します（つまり，Aと判断する生徒がいたら記録します）。

　表5の例でいうと，1番の生徒は，第24時までのまとまりを通して「十分満足できる」状況（A）と判断し，その評価が変わることなく，総括でもそのままとしました。2番の生徒も同様ですが，テストでは力を発揮できませんでした。しかし，テストは成績アップのためのリベンジチャンスとして位置付けているので，それまでの学習状況から，総括としては「十分満足できる」状況（A）と判断しました。3番の生徒は，第7時で「努力を要する」状況（C）と判断しましたが，第13時までで若干改善がみられ，「おおむね満足できる」状況（B）と判断しました。その後，第15時までのところで一度「努力を要する」状況（C）となりましたが，第24時の授業までのトータルで「おおむね満足できる」状況（B）と判断し，テストでさらなる改善がみられたため，最終的に「十分満足できる」状況（A）と判断するにいたりました。

　他の観点における評価規準についても同様に見取り，単元の評価の総括を行います。

　単元の評価計画，評価方法等については，このほかにもさまざまなパターンが考えられます。各学校で観点別学習状況の評価や評定への総括の考え方や方法について，教師間で共通理解を図り，生徒および保護者に説明し理解を得るようにするとともに，単元を通して生徒にどのような資質・能力を育むのかという原点に立ち返って検討することが大切です。

②各観点の評価の総括についての評価方法

　表5のように各評価規準の評価を総括したら，次に表6のように単元の評価の総括を行います。

表6：単元の評価の総括（例）　　第2学年B図形（2）図形の合同イ（ア）

評価の観点	各評価規準の評価の総括								単元の総括
知識・技能	①	B	②	A	③	A	④	B	A
思考・判断・表現	①	A	②	B	③	B			B
主体的に学習に取り組む態度	①	A	②	A	③	B			A

※各観点①〜④は表2（p.26）「単元の評価規準（筆者作成）」と対応

　総括の仕方については，各学校でさまざまに工夫して行っているでしょう。ここでは，各評価規準について評価の総括を行ったうえで，単元の総括としての評価を行う例を示しています。

　このように考えると，単元テストや定期テスト等において，ターゲットの問題を出題することで，問題数が精選され，テスト時間も少なくて済むと考えられます。もちろん，必要に応じて問題数の増減も可能ですが，その際，テストの得点状況がそのまま学習評価（評定）に直結しないこともありえます。ただし，**表5**で示した通り，本書の考え方では，テストの結果によって成績が上がることはあっても，テストの結果で成績が下がることは考えにくいです。

　各観点の総括にあたっては，『児童生徒の学習評価の在り方について（報告）』（初等中等教育分科会教育課程部会，2019）において，「仮に，単元末や学期末，学年末の結果として算出された評価の結果が『知識・技能』『思考・判断・表現』『主体的に学習に取り組む態度』の各観点について，『ＣＣＡ』や『ＡＡＣ』といったばらつきのあるものとなった場合には，児童生徒の実態や教師の授業の在り方などそのばらつきの原因を検討し，必要に応じて，児童生徒への支援を行い，児童生徒の学習や教師の指導の改善を図るなど速やかな対応が求められる」と示されていることに留意が必要です。

　3つの観点の趣旨を踏まえて，それらを適宜関連付けながら，「『知識・技能』とそれに係る『主体的に学習に取り組む態度』」「『思考・判断・表現』とそれに係る『主体的に学習に取り組む態度』」といったイメージをもち，観点間のばらつきがないように評価を行います。

　Ａ，Ｂ，Ｃの組合せから評定に総括する場合，中学校では「ＢＢＢ」であれば3を基本としつつ，「ＡＡＡ」であれば5（または4），「ＣＣＣ」であれば1（または2）とするのが適当であると考えられます。それ以外に各学校であらかじめ評定の方法を決める場合も，なるべく各観点の評定にばらつきがでないように評価方法や指導の改善を図ることが大切です。

3 「知識・技能」をみる評価課題・問題の具体例

　「学習評価の在り方ハンドブック小・中学校編」（国立教育政策研究所教育課程研究センター，2019，以下「学習評価の在り方ハンドブック」）では，知識・技能の評価について，「例えばペーパーテストにおいて，事実的な知識の習得を問う問題と，知識の概念的な理解を問う問題とのバランスに配慮するなどの工夫改善を図る等が考えられます。また，生徒が文章による説明をしたり，式やグラフで表現したりするなど実際に知識や技能を用いる場面を設けるなど，多様な方法を適切に取り入れていくこと等も考えられます」と示されています。

　中学校数学科では，ペーパーテストで用語の穴埋め問題や選択式の問題，技能の計算問題等を出題することが多いと思われます。しかしそれだけではなく，知識の概念的な理解を問う問題について，全国学力・学習状況調査の問題等を参考にしながら，事実的な知識の習得を問う問題とバランスよく出題するようにしましょう。

　以下に中学校数学での「知識・技能」をみる評価課題・問題を出題する際のポイントをまとめました。

（1）意味理解の定着は選択式で問い，生徒の負担を少なくする

第3学年A数と式（1）正の数の平方根ア（ア）

＜出題のねらい＞数の平方根の意味を理解しているか。

　単に用語を選択したり記入したりする問題だけでは，意味理解の見取りとして不十分な場合があります。本問題では，正の数の平方根には，正の数と負の数の2つがあり，その正の数のほうを表していることを理解しているかを見取ります。「平方根」の用語を敢えて用いずに「$\sqrt{6}$」を「2乗して6になる数」として，正負の符号に着目した選択肢を作り，選択式で問います。記述式で問うことも考えられますが，意味理解については選択式のほうが生徒の負担が少ないでしょう。正しい選択肢「イ」を選べば，「おおむね満足できる」状況（B）以上と判断します。「十分満足できる」状況（A）と判断できる生徒の姿は多様に想定されるため，別途，評価問題で見取りを行ったり，数時間のまとまりを通して，学習の状況が質的な高まりや深まりをもっていると判断される場合に記録に残します。

【評価問題例】

$\sqrt{6}$ がどんな数を表しているかについて正しく述べているものが，次のアからエまでの中に1つあります。それを選びなさい。

ア　$\sqrt{6}$ は，2乗して6になる数のすべてである。

イ　$\sqrt{6}$ は，2乗して6になる数のうち，正の数のほうである。

ウ　$\sqrt{6}$ は，2乗して6になる数のうち，負の数のほうである。

エ　$\sqrt{6}$ は，2乗して6になる数であるが，正の数か負の数かはわからない。

（2）公式や方法等の理解を，逆思考の短答式で問う

第3学年A数と式（3）二次方程式ア（ウ）

＜出題のねらい＞解の公式を用いた二次方程式の解き方を理解しているか。

　本問題は，二次方程式の解の公式の暗記再生や，解の公式を使って解く問題ではなく，「二次方程式の解き方を理解しているか」に着目し，逆思考の短答式で答える問題です。解の公式「$x=\dfrac{-b\pm\sqrt{b^2-4ac}}{2a}$」に対応する「$ax^2+bx+c=0$」のa, b, cの値の関係を理解し，正しく式を解答できれば，「おおむね満足できる」状況（B）以上と判断します。

【評価問題】

　ある2次方程式を解くために，解の公式を使って解こうとしたら，次のような式になりました。このとき，もとの2次方程式を求めなさい。

$$x=\frac{-5\pm\sqrt{5^2-4\times3\times1}}{2\times3}$$

（3）技能は短答式や選択式で問い，誤答分析の負担を減らす

第1学年A数と式（2）文字を用いた式ア（エ）

＜出題のねらい＞数量の関係を，文字を用いた式で表すことができるか。

　技能にかかわるものについては，シンプルに短答式で問うことが考えられますが，選択式で問うこともできます。正しい式を選択できれば，「おおむね満足できる」状況（B）以上と判断します。授業とテストで出題方法を使い分けることも考えられます。

【評価問題例】

　a mの重さが b gの針金があります。この針金1mの重さを a，b を用いた式で表したものが，次のアからカまでの中にあります。1つ選び，それを選んだ理由を説明しなさい。

ア　$a+b$　イ　$a-b$　ウ　$b-a$　エ　$a\times b$　オ　$a\div b$　カ　$b\div a$

（4）関数の特徴を短答式で問い，表と式の結びつきを記述式で問う

第2学年C関数（1）一次関数ア（ア）

＜出題のねらい＞一次関数の特徴を，表と式を関連付けて理解しているか。

　一次関数の特徴については，いくつかの評価問題を通して見取ることが考えられます。

　（1）は，一次関数の表からその特徴を読み取り，2つの数量の関係を $y=ax+b$ の式で表すことができるかを見取る問題です。本問題では，一次関数の特徴をいくつかの例から帰納的に読み取ることができるように工夫しています。短答式で，空欄に正しい式を解答できれば，「おおむね満足できる」状況（B）以上と判断します。

　（2）は，一次関数の表と式を関連付けて，変化の割合が表のどこから読み取れるかを説明する記述式の問題で，「わかる」レベルで意味理解を問うことが考えられます。a の値が，変化の割合に等しく，「x が1増加したときの y の増加量である」ことを踏まえて記述できれば，「おおむね満足できる」状況（B）以上と判断します。

　次の表は，4つの1次関数について，x の値と y の値の関係を示したものです。

　1次関数は，一般に $y=ax+b$ のように表すことができます。

x	…	-2	-1	0	1	2	…
y	…	1	3	5	7	9	…

→ 式 $y=2x+5$

x	…	-2	-1	0	1	2	…
y	…	-3	-1	1	3	5	…

→ 式 $y=2x+1$

x	…	-2	-1	0	1	2	…
y	…	-5	-2	1	4	7	…

→ 式 $y=3x+1$

x	…	-2	-1	0	1	2	…
y	…	-1	2	5	8	11	…

→ 式 $y=$ 　①　

　このとき，次の（1），（2）の問いに答えなさい。

（1）上の 　①　 にあてはまる式を書きなさい。

（2）京子さんと保奈美さんは，4つの表と式をみて，次のようにいいました。

　　　京子さん　　：1次関数の式 $y=ax+b$ の a，b の値は，
　　　　　　　　　　表から読み取ることができます。

　　　保奈美さん：b の値は，$x=0$ のときの y の値を見れば，
　　　　　　　　　　計算しなくてもわかります。

　　1次関数の式 $y=ax+b$ の a の値を求めるためには，表からどのようなことを読み取ればよいか説明しなさい。

平成29年度岩手県学習定着度状況調査中学校第2学年 数学⑫

　学習指導にあたっては，帰納的に考える活動を取り入れたうえで，本問題を位置付けることが考えられます。

　そして，授業後半では，次のように問題の条件を変えて取り組ませることも考えられます。

教師　：次の①から③の表も，yはxの1次関数です。
　　　　それぞれの表について，$y=ax+b$の式で表しましょう。

生徒①：表①は，$y=6x+4$でいいですか？

生徒②：えっ？　$y=3x+4$じゃないの？

教師　：おやっ？　答えが2通りに分かれたみたいですね。
　　　　どちらが正解か，近くの人と話し合って決めましょう。

生徒②：$y=6x+4$だと，$x=2$のとき$y=16$になって，$y=10$にならないから違うよ。

生徒①：本当だ！　$y=3x+4$だと$y=10$になる。
　　　　こっちが正しいのか！

生徒③：あれ?!　表②は$x=0$がないんだけど…？

①

x	…	-4	-2	0	2	4	…
y	…	-8	-2	4	10	16	…

②

x	…	-5	-2	1	4	7	…
y	…	-11	-2	7	16	25	…

③

x	…	2	…	5	…
y	…	3	…	9	…

（5）実際の場面に即した理解を記述式で問う

第1学年Ａ数と式（1）正の数と負の数ア（ア）

＜出題のねらい＞正の数と負の数の意味を，実生活の場面に即して理解しているか。

　本問題は，正の数と負の数を使って表した量における基準について問う短答式の問題です。「0円」について「はじめに持っていた金額」のように記述できれば，「おおむね満足できる」状況（Ｂ）以上と判断します。

【評価問題】

　「500円の収入を＋500円と表すことにすれば，－3000円は3000円の支出を表している」

　このとき，基準の「0円」とは何ですか。簡潔に説明しなさい。

（6）証明を読み，根拠となる図形の性質を記述式で問う

第3学年Ｂ図形（2）円周角と中心角ア（ア）

＜出題のねらい＞円周角の定理を証明できることを知っているか。

　本問題は，円周角の定理を証明させるのではなく，証明を読み，そこで根拠として用いられている図形の性質を問うことで，証明できることを知っているかを見取る問題です。

①，②で根拠として用いられている事柄を両方記述できれば，「おおむね満足できる」状況（B）以上と判断します。また，図形の性質を選択肢として示し，選択式で問うことも考えられます。

【評価問題】

　右の図のように，円〇の円周上に2点A，Bをとり，PBが直径であるとき，

∠APB＝$\frac{1}{2}$∠AOBとなることは，次のように証明できます。

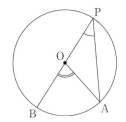

証明
OP＝OAであるから，∠OAP＝∠APB　…①
∠AOBは，△OPAの外角であるから，
∠AOB＝∠APB＋∠OAP＝2∠APB　…②
したがって，∠APB＝$\frac{1}{2}$∠AOB

　このとき，証明の①，②で根拠として用いられている事柄について説明しなさい。

　これらの評価問題・評価課題は，基礎的・基本的な知識および技能の習得の状況を見取るもので，学習指導と授業における評価場面，家庭学習，テスト等の一連の取り組みを想定したものです。数学科として適切にマネジメントし，「指導を，評価と一体化する」ようにしましょう。

4 「思考・判断・表現」をみる評価課題・問題の具体例

　「学習評価の在り方ハンドブック」では,「思考・判断・表現」の評価について,「ペーパーテストのみならず, 論述やレポートの作成, 発表, グループや学級における話合い, 作品の制作や表現等の多様な活動を取り入れたり, それらを集めたポートフォリオを活用したりするなど評価方法を工夫することが考えられます」と示されています。

　中学校数学科では, 授業における生徒の発言やノートへの記述などの行動観察, ペーパーテストやレポート等により, 問題発見・解決の過程を通して思考したことを評価することになります。その際, すべての問題を教師が作成する必要はありません。解答類型が掲載されており, 正答の条件等がはっきりしている全国学力・学習状況調査の問題から, 各単元の評価問題・評価課題としてそのまま取り入れることが考えられます（例えば, 平成21年度調査B⑤「賞品当てゲーム」, 平成25年度調査B⑤「美しい長方形」, 平成27年度調査B①「プロジェクター」, 平成28年度調査B④「ICT活用」, 平成29年度調査B①「万華鏡」など）。加えて, これらを参考に, 日常生活や社会の事象への活用・意味づけや数学の事象における統合・発展／体系化のプロセスを意識して作問等を行い, 出題するようにしましょう。

　以下に「思考・判断・表現」をみる中学校数学での評価課題・問題の例を示します。

(1) 複数の情報から必要な情報を選び, 記述式で説明する問題

第1学年C関数 (1) 比例, 反比例イ (ア)

＜出題のねらい＞比例や反比例として捉えられる2つの数量に着目し, 変化や対応の特徴を説明することができるか。

　本問題は, 視力検査のランドルト環にある比例または反比例の変化や対応の特徴について, 視力と直径, すき間の幅の3つの数量の中から2つの数量を取り出して, その関係を説明する問題です。「ランドルト環で視力と直径が反比例し, 積が7.5で一定である」など, 理由を記述できれば,「おおむね満足できる」状況（B）以上と判断します。

なおとさんは，視力検査で使った表を見て，先生と次のような会話をしました。

なおと：視力検査でこの表を使っていますが，この「C」の大きさに何かきまりがありますか。

先　生：これは，「ランドルト環」と言いますが，視力とランドルト環の直径，すき間の幅にはきまりがあります。

なおと：下にいくほど，ランドルト環が小さくなって見えにくいですね。
視力とランドルト環の直径，すき間の幅にはどんな関係があるのか調べてもよいですか？

なおとさんは，このランドルト環の直径とすき間の幅を測り，その結果を表にまとめました。

表

視力	0.1	0.5	1.0	1.5
直径（mm）	75	15	ア	5
すき間のはば（mm）	15	3	1.5	1

表のアにあてはまる数を答えなさい。また，そのときに使ったきまりを説明しなさい。

（2）実際の場面で活用されている題材を扱ったレポート課題

第3学年A数と式（2）簡単な多項式イ（イ）

＜出題のねらい＞文字を用いた式で数量および数量の関係を捉え，説明することができるか。

　本問題では，数学の学習が現実場面で使用されていることを実感してもらえるよう，問題を工夫しました。実際に土地の測量で使われている方法に関連し，座標平面上で3点O $(0, 0)$，A (a, b)，B (c, d) がわかっているときの△OABの面積について考察するレポート課題です。「$\dfrac{ad-bc}{2}$」の式と，それを導く計算式などを記述していれば，「おおむね満足できる」状況（B）以上と判断します。

　図のように，座標平面上で3点O $(0, 0)$，A (a, b)，B (c, d) がわかっているときの△OABの面積を a, b, c, d を用いた式で表しなさい。

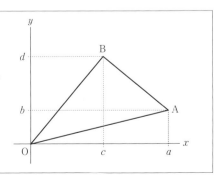

（3）同じ場面で条件をアレンジし，発展的に考えるレポート課題

第2学年 D データの活用（2）確率イ（イ）

＜出題のねらい＞確率を用いて不確定な事象を捉え考察し表現することができるか。

　（1）は，ジャンケンの条件を一部変えたときの勝つ確率を求め，その公平さについて理由を説明する問題です。ジャンケンのある条件を変えた場合，そのときの勝つ確率について選択し，理由を記述していれば，「おおむね満足できる」状況（B）以上と判断します。教科書等では，1問ごとに問題の場面が変わるので，（2）のように，同じ場面で条件をアレンジしてA評価を見取る問題を作成するなど，一連の数学的活動として思考力，判断力，表現力等を発揮する機会とすることが考えられます。

【評価問題例】

(1) ゆいさん，はるとさんは「グー・チョキ・パー」のカードを持っています。

　　2人がカードを1枚交換したら，ゆいさんのカードは「チョキ・チョキ・パー」，はるとさんのカードは「グー・グー・パー」になりました。

　　2人がカードを裏返してよくきって，そこからランダムに1枚取り出してジャンケンを1回します。どのカードの出方も同様に確からしいとき，2人の勝つ確率について正しく述べているものを，アからウの中から1つ選びなさい。また，それを選んだ理由を説明しなさい。

　　ア　ゆいさんが勝つ確率が大きい
　　イ　はるとさんが勝つ確率が大きい
　　ウ　二人の勝つ確率は等しい

(2) (1)の問題の条件の一部を変えた以下の例から1つ選んでレポート課題としてまとめなさい。

　　例1）ゆいさんがはるとさんから1枚もらって，ゆいさんは「グー・グー・チョキ・パー」の4枚，はるとさんが「チョキ・パー」の2枚となったときの2人の勝つ確率を調べなさい。

　　例2）はるとさんが「グー・グー・パー」の3枚のカードを持っているとき，カードを2枚持っているゆいさんがはるとさんに勝つ確率が $\frac{1}{2}$ になるような，ゆいさんの2枚のカードの組合せを調べなさい。

　　例3）ゆいさんは「チョキ・チョキ・パー」，はるとさんが「グー・グー・パー」のとき，出したカードを戻さないとしてジャンケンを連続して2回するときの2連勝する確率を比較しなさい。

（4）問題解決の過程を，振り返って考える記述式の問題

第1学年A数と式（3）一元一次方程式イ（イ）

＜出題のねらい＞求めた解が適切であるか振り返って評価・改善することができるか。

　（1）は，一元一次方程式で求めた解が適切であるかどうかを，問題場面に立ち返って考察する問題です。さくらさんが考えた方程式を解き，問題場面に即して振り返り，「妹の自転車の速さでは，駅に到着するまでに姉に追いつくことは不可能である」ことを見いだしていれば，「おおむね満足できる」状況（B）以上と判断します。（2）では，妹が姉に追いつくために条件を見直す活動を取り入れ，A評価を見取ります。その際，家から駅までの道のりは定数であり，変えられないなど，単に数値を変えるだけでなく，事象に即して評価・改善することの大切さに生徒が気付くようにしたいものです。

【評価問題】

（1）姉は9時に家を出発して800m離れた駅に向かいました。

　　姉の忘れものに気づいた妹が，姉が駅に着く前に届けようとして，9時10分に家を出発し，自転車で姉を追いかけました。姉の歩く速さを毎分60m，妹の自転車の速さを毎分210mとすると，妹が姉に追いつくのは，9時何分ですか。

　　さくらさんは，この問題について，方程式を使って次の解答をつくりました。

　＜さくらさんの解答＞

　　9時x分に妹が姉に追いつくとすると，

　　$210(x-10)=60x$

　　これを解いて，$x=14$　　答　9時14分

　さくらさんの解答で求めた時刻を問題の答えとしてよいか，下のア，イの中から正しいものを1つ選び，その理由を説明しなさい。

　　ア　求めた時刻を問題の答えとしてよい。

　　イ　求めた時刻を問題の答えとしてはいけない。

（2）妹が9時10分に家を出発して，姉が駅に着く前に追いつくためにはどうすればよいでしょうか？

　これらの評価問題・評価課題は，基礎的・基本的な知識および技能を活用して課題を解決するために必要な思考力，判断力，表現力等の学習状況を見取るものであり，そのような意味では，単に数値等を複雑化し難易度を高めた応用問題とは，似て非なるものといえます。単元における「ヤマ場」を意識し，授業者の意図として「思考を深めたい」授業として評価問題を取り上げるとともに，数学科の問題発見・解決の過程を可能な限りそのまま問題化し，生徒にとって「思考（学習成果）が試される場所」「見せ場」として主体的に取り組めるようにすることが大切です。

5 「主体的に学習に取り組む態度」の評価法

　「学習評価の在り方ハンドブック」では，「主体的に学習に取り組む態度」について，「ノートやレポート等における記述，授業中の発言，教師による行動観察や，児童生徒による自己評価や相互評価等の状況を教師が評価を行う際に考慮する材料の一つとして用いることなどが考えられます。その際，各教科等の特質に応じて，児童生徒の発達の段階や一人ひとりの個性を十分に考慮しながら，『知識・技能』や『思考・判断・表現』の観点の状況を踏まえた上で，評価を行う必要があります」と示しています。

　したがって，この「主体的に学習に取り組む態度」の観点のみを取り出して，挙手の回数や毎時間ノートを取っているかなど，その形式的態度を評価することは適当ではなく，他の観点にかかわる生徒の学習状況を照らし合わせながら，学習や指導の改善を図ることが重要です。つまり，他の観点にかかわる評価場面は，同時に「主体的に学習に取り組む態度」の観点について一体的に評価する機会になりえると考えることができます。また，今回「知識及び技能を獲得したり，思考力，判断力，表現力等を身に付けたりすることに向けた粘り強い取組を行おうとする側面」と「自らの学習を調整しようとする側面」という2つの側面から評価することが強調されています。このことは，学習指導にあたって，主体的な学びの実現を図り，粘り強い取り組みが必要な場面や自ら学習を調整する必要に迫られる場面を位置付けることを重視しているとも受け取れます。

　机間指導等を通じて捉えた生徒の学習への取り組みの様子，発言やつぶやきの内容，ノートへの記述内容などの行動観察，レポート等，多様な評価の方法を取り入れることが大切です。授業中に行動観察等で見取る方法と，授業後に解答用紙や提出物の内容等で見取る方法といってもよいでしょう。また，学習活動を通して身につけた態度の変容を評価する趣旨からすると，単元等の導入や単一の授業の冒頭で評価し記録に残すことは避け，ある程度長いスパンを通して，変容がみえた生徒がいたらその都度見取って補正するなど，生徒一人一人について適切な頻度で評価することも考えられます。

(1) 評価場面の例　授業中の発言やノートの記述等からの見取り

　授業中は，机間指導等を通じて捉えた生徒の学習への取り組みの様子，発言やつぶやきの内容，ノートの記述内容などに基づいて評価する行動観察により，「主体的に学習に取り組む態度」について見取ることが多いと思います。その際，毎時間のすべての学習活動について見取ろうとするのではなく，単元の指導と評価の計画に照らして，「知識・技能」や「思考・判断・表現」の観点の状況を踏まえたうえで評価を行うようにします。

例えば，「第2学年B（2）図形の合同」で，証明の方針をもとにして，仮定など根拠となる事柄を明らかにし，筋道立てて結論を導くにはどうすればよいか考える活動を通して，「主体的に学習に取り組む態度」を評価するとします。このとき，「思考・判断・表現」の観点で「三角形の合同条件などをもとにして三角形や平行四辺形の基本的な性質を論理的に確かめたり，証明を読んで新たな性質を見いだしたりすることができる」に係る状況を踏まえたうえで，解答までのプロセス（試行錯誤の状況）等に着目し，「主体的に学習に取り組む態度」の観点で「証明のよさを実感して粘り強く考えようとしている」の状況について見取ることが考えられます。つまり，ここでは「思考・判断・表現」の観点は証明等の記述から見取り，「主体的に学習に取り組む態度」の観点は，記述するまでのプロセスで粘り強く考えようとしたり，自らの学習を調整しようとしたりしている状況を見取るということです。実際の生徒の記述例をもとに具体的な例をあげます。

＜生徒のノートの記述例＞　第2学年B図形（2）図形の合同
個人で考えた後に，話し合い活動で学びを深める場面

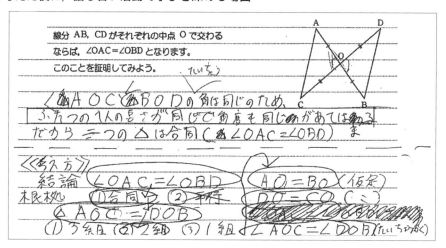

　本時は，三角形の合同条件をもとにして証明を考える授業で，証明の方針を立てる個人活動を取り入れました。上記の生徒のノートの記述を見ると，はじめは，結論を導くために三角形の合同をもとにして考えていますが，表現としては不十分さが目立っていました。しかしその後，小グループで考え方を確認し，話し合う活動を通して，自分の書いたものを丸で囲んだり線で結んだり表現を修正したりしており，粘り強く自らの学習を調整しようとしている状況を見取ることができます。このような生徒がいた場合，「主体的に学習に取り組む態度」についても一体的に評価する機会とすることが考えられます。単に，証明の正答だけを教えてもらおうとする状況とは学び方の質が全く異なるからです。

　話し合い活動の後，この生徒の「思考・判断・表現」における証明の解答状況は，「努力を要する」状況（C）から「おおむね満足できる」状況（B）になったと判断できるものになりました。そこで，そのプロセスを考慮して，「主体的に学習に取り組む態度」に

ついて，この時点では「おおむね満足できる」状況（B）と判断します。

　さらに学習が進むなかで，この生徒の証明の解答状況に，一人で証明の方針を立てて考えたり証明を書いたりするなど，上記の時点からさらに自己の学習を調整し，明らかな改善がみられるようになったら，その時点までに変容したプロセス全体をトータルで評価し，「主体的に学習に取り組む態度」の観点について，「十分満足できる」状況（A）と判断することが考えられます。

(2) 評価場面の例　ペーパーテストやレポート課題等に取り組む活動からの見取り

　ペーパーテストやレポート課題等により評価する際には，「思考・判断・表現」の観点だけでなく，それらに取り組んでいる途中の行動観察により，「主体的に学習に取り組む態度」の観点について見取ることが考えられます。

　ペーパーテストの活用問題やレポート課題等ではそれなりの難易度を伴うことがあり，いきなり個人で取り組むことがむずかしいものも多いでしょう。そこで，それらを授業で取り上げて指導し，グループで話し合い解決を図る活動を取り入れるなどして，解答や記述に至るまでの学習状況の行動観察を行い，「主体的に学習に取り組む態度」の観点から，よりよい問題解決のために，粘り強い取り組みを行おうとしているか，自らの学習を調整しようとしているかを見取るようにします。生徒がある程度の見通しをもってから，個々にグループで話し合った問題解決の過程を再構成し，記述に取り組めるようにすることで，大多数の生徒がどちらの観点の評価についても「おおむね満足できる」状況（B）以上と判断できるようになることをめざします。

(3) 評価場面の例　自己評価（学習感想）や相互評価，個別面談からの見取り

　授業中の机間指導等を通じて捉えた生徒の学習への取り組みの様子，発言やつぶやきの内容，ノートの記述内容などに基づいて評価する行動観察のほかに，生徒による自己評価（学習感想）や相互評価，個別面談の内容等を，「主体的に学習に取り組む態度」について評価を行う際に考慮する材料の一つとして用います。

　例えば，授業の終末で，生徒が自らの学習を振り返り，「わかったこと・大切な考え」や「よくわからないこと・もっと知りたいこと」などについて記述する活動を取り入れることが考えられます。

＜生徒の自己評価（学習感想）の例＞　第3学年A数と式（2）簡単な多項式

・単項式や多項式の積の形の式の展開の仕方がわかった。分配法則を使ったり，数の筆算と同じように考えたりすると，すごくわかりやすくなった。もしわからない問題があったら，印をつけたり色を付けたりして問題を解けるようにしたい。筆算を使うときに，筆算の数字を10の位と1の位に分けて考えるとすごくわかりやすかった。

・かっこをはずして展開するやり方は，さすがに，3ケタ×3ケタになると文字が多くて大変だった。前に習ったことをもとにして工夫して計算するのは楽しかった。筆算などで，知ら

> ず知らずのうちに分配法則を使っていたんだなと思った。思えば，1，2年のサクランボ計算
> も分配法則を使っていたんだなと思う。

　本時は，式を展開する方法を，2ケタ×2ケタの数の筆算と関連付けて考える授業で，記述からも，この2人の生徒がすでに学習した計算の方法と関連付けて考えようとしていることが読み取れます。上記のような生徒の記述がみられるということは，数学的な見方・考え方が働くような授業づくりが機能したともいえます。反対に，生徒がうまく記述できないときは教師自身の反省材料としたいところです。また，評価材料として一律に記述させるばかりでは，生徒は「よくわからないことを書いたら，成績が下がるのではないか」と心配して書かなくなる可能性があります。そこで例えば，「十分満足できる」状況（A）の生徒がいる場合や，他の観点の評価問題とあわせて一体的に見取る場面では「努力を要する」状況（C）だった生徒のうち，自己評価等で「主体的に学習に取り組む態度」として「おおむね満足できる」状況（B）以上だと判断できる生徒がいる場合に評価材料とすることが考えられます（つまり，学習感想の記述で成績が上がることはあっても，下がることはありません）。自己評価（学習感想）や相互評価，個別面談等は，生徒が自らの学習を振り返り，メタ認知することにより理解を深めることを主目的とし，そのことをあらかじめ生徒と確認してから取り入れることが大切です。

　「主体的に学習に取り組む態度」の観点の評価は，「知識・技能」や「思考・判断・表現」の観点のように評価問題の正誤だけでは判断できないところがあります。生徒の実態に応じて評価の機会を複数回位置付け，多様な評価方法により，評価を適宜補正するイメージをもつようにしましょう。あわせて，生徒や保護者の中には，授業への参加態度や発言の回数，ノートの提出状況など，形式的な態度で成績が決まるという誤解も多いので，それらを払拭するためにも，評価に関する情報をより積極的に提供し生徒や保護者の理解を得ることが大切です。

6 学習評価を充実させるためのテストのあり方

「学習評価の在り方ハンドブック」では，学習評価の基本的な考え方で次のような方向性が示されました。

① 児童生徒の学習改善につながるものにしていくこと

② 教師の指導改善につながるものにしていくこと

③ これまで慣行として行われてきたことでも，必要性・妥当性が認められないものは見直していくこと

多くの学校では，授業中の小テストや単元テスト，そして定期テストを組み合わせて，形成的評価と総括的評価を行っていると思います。これらの「テスト」について，多くの保護者や生徒は成績に直結するものとして高い関心をもっています。しかし学習指導要領等では特に言及されていません。「テスト」に関する研修等も少ないため，やむを得ず，教師が各自の裁量で行ってきた部分があったとすれば，ある意味では「これまで慣行として行われてきたこと」の一つといえるのかもしれません。このような従来の「テスト」に対して，今回の学習指導要領改訂が，目標準拠の観点別学習状況の評価を的確に行い，資質・能力を確実に育成するために「学習評価の充実」の視点で再検討を求めていると捉えることもできます。ぜひこの機会に，各学校で見直しを進めていただきたいと思います。

(1) 小テスト

『参考資料』第3編の事例では，評価場面として授業中の「小テスト」がいくつか例示されています。「小テスト」は，授業の終末で，ある1つの評価規準について評価するために出題のねらいを設定して行うものと捉えることができます。中学校数学では，おもにペーパーテストにより，数時間のまとまりの中で形成的評価（指導に生かす評価）として用いることが多いですが，総括的評価（記録に残す評価）として用いることもできます。

学習指導にあたっては，授業中の活動を通して，評価規準に照らして，「努力を要する」状況（C）の生徒を見いだし，「おおむね満足できる」状況（B）となるように適切に指導することが重要です。授業の終末に小テストで学習状況を確認し，次時等の事後指導で改善を図ることも考えられますが，可能な限り，授業中の行動観察等で「努力を要する」状況（C）の生徒を見いだし，授業時間内にフィードバック等により適切に指導したうえで，授業の終末に小テストを行い，学習の改善状況を含めて見取るようにしましょう。そのうえで，小テストの評価問題を集約し必要に応じて数値等をアレンジしたり初見の問題を追加したりして「単元テスト」を行い，総括的評価の機会とすることも考えられます。

(2) 単元テスト・定期テスト

　「単元テスト」「定期テスト」は，単元の評価規準におけるそれぞれの評価規準について評価するために出題のねらいを設定して行うものと捉えることができます。高校入試等のテストとは目的が異なり，中学校数学では，おもに単元テスト・定期テストの結果を，総括的評価（記録に残す評価）として用いることが多いはずです。

　どちらのテストも，単元の評価規準に照らして出題のねらいを設定して出題することが大切です。その際，全国学力・学習状況調査の正答の条件を参考にするなどして，出題のねらいと異なる理由で誤答と判断することがないようにしましょう。「知識・技能」と「思考・判断・表現」の観点に係るものを，ペーパーテストでどれだけ網羅できるかは教科の特質によって異なりますが，中学校数学は，「思考・判断・表現」の観点に係るものを他教科に比べてペーパーテストで取り上げやすいと考えられます。もちろん，ペーパーテストで見取ることがむずかしいものは，レポート課題等で別途評価することになります。ただし，その割合は大きくないので，単元テストや定期テストで網羅的に出題し，その得点が，他教科よりも総括（評定）に結びつくようにすると，保護者や生徒にとっても受け入れやすいと考えられます。

　これまで述べてきたように，単元の評価規準にかかわって，授業中からテストまで，多様な方法で何度も形成的評価を繰り返し，記録に残す評価を上書き補正し，最終的にテストの時点で総括的評価が決まるイメージで，単元テストや定期テストを成績アップのリベンジチャンスのように捉えると，生徒のテスト対策の勉強方法も変わってくるかもしれません。テスト範囲を満遍なく勉強するよりも，生徒がリベンジしたい評価規準の箇所を重点的に学習して，テストに望んだほうが成績アップにつながる可能性が高いことになります。また，テストの解答のみで判断する都合上，「十分満足できる」状況（A）の判断については，授業場面とは少し質が異なったものになることも考えられます。このような評価に関する仕組みや情報を積極的に提供し，生徒や保護者の理解を図るとともに，生徒がより意欲的に学習に取り組めるようにしたいものです。

(3) 授業と家庭学習，テスト，評価のトータル・マネジメント

　学習評価のための校内のテストは，あらかじめピックアップしたターゲットとなる「評価問題・課題」をクリアできるかどうかが重要なので，生徒も「どのような問題を解けるようにすればよいか」をある程度見通すことができます。そこに初見の自作問題や高校入試対策の問題等を加えてバランスよく出題し，中学校数学として授業から家庭学習，テストまでが一貫した設計になるように整えることが大切です。

　学習指導要領に対応し，思考力，判断力，表現力等にかかわって大学入学共通テストの出題傾向に変化がみられたように，高校入試の出題傾向にも今後変化が出てくると予想されます。中学校数学において，資質・能力ベースで出題のねらいを設定し直し，適切な「評価問題・課題」に取り組ませることは，未来の新傾向問題にも対応できる確かな力を育む道だと捉えられます。

第**3**章

第1学年の評価プラン

■ 「A数と式」（1）正の数と負の数

■ 「A数と式」（2）文字を用いた式

■ 「A数と式」（3）一元一次方程式

■ 「B図形」（1）平面図形

■ 「B図形」（2）空間図形

■ 「C関数」（1）比例，反比例

■ 「Dデータの活用」（1）データの分布

■ 「Dデータの活用」
　（2）不確定な事象の起こりやすさ

目　標

(1) 正の数と負の数，文字を用いた式と一元一次方程式，平面図形と空間図形，比例と反比例，データの分布と確率などについての基礎的な概念や原理・法則などを理解するとともに，事象を数理的に捉えたり，数学的に解釈したり，数学的に表現・処理したりする技能を身に付けるようにする。

(2) 数の範囲を拡張し，数の性質や計算について考察したり，文字を用いて数量の関係や法則などを考察したりする力，図形の構成要素や構成の仕方に着目し，図形の性質や関係を直観的に捉え論理的に考察する力，数量の変化や対応に着目して関数関係を見いだし，その特徴を表，式，グラフなどで考察する力，データの分布に着目し，その傾向を読み取り批判的に考察して判断したり，不確定な事象の起こりやすさについて考察したりする力を養う。

(3) 数学的活動の楽しさや数学のよさに気付いて粘り強く考え，数学を生活や学習に生かそうとする態度，問題解決の過程を振り返って検討しようとする態度，多面的に捉え考えようとする態度を養う。

内　容

A　数と式

(1) 正の数と負の数について，数学的活動を通して，次の事項を身に付けることができるよう指導する。
　ア　次のような知識及び技能を身に付けること。
　　(ア) 正の数と負の数の必要性と意味を理解すること。
　　(イ) 正の数と負の数の四則計算をすること。
　　(ウ) 具体的な場面で正の数と負の数を用いて表したり処理したりすること。
　イ　次のような思考力，判断力，表現力等を身に付けること。
　　(ア) 算数で学習した数の四則計算と関連付けて，正の数と負の数の四則計算の方法を考察し表現すること。
　　(イ) 正の数と負の数を具体的な場面で活用すること。

(2) 文字を用いた式について，数学的活動を通して，次の事項を身に付けることができるよう指導する。
　ア　次のような知識及び技能を身に付けること。
　　(ア) 文字を用いることの必要性と意味を理解すること。
　　(イ) 文字を用いた式における乗法と除法の表し方を知ること。
　　(ウ) 簡単な一次式の加法と減法の計算をすること。
　　(エ) 数量の関係や法則などを文字を用いた式に表すことができることを理解し，式を用いて表したり読み取ったりすること。
　イ　次のような思考力，判断力，表現力等を身に付けること。
　　(ア) 具体的な場面と関連付けて，一次式の加法と減法の計算の方法を考察し表現すること。

(3) 一元一次方程式について，数学的活動を通して，次の事項を身に付けることができるよう指導する。
　ア　次のような知識及び技能を身に付けること。
　　(ア) 方程式の必要性と意味及び方程式の中の文字や解の意味を理解すること。
　　(イ) 簡単な一元一次方程式を解くこと。
　イ　次のような思考力，判断力，表現力等を身に付けること。
　　(ア) 等式の性質を基にして，一元一次方程式を解く方法を考察し表現すること。
　　(イ) 一元一次方程式を具体的な場面で活用すること。
　〔用語・記号〕自然数　素数　符号　絶対値　項　係数　移項　$\leqq$　$\geqq$

第１学年の目標及び内容 ［国立教育政策研究所 (2018)より］

B　図　形

(1) 平面図形について，数学的活動を通して，次の事項を身に付けることができるよう指導する。

　ア　次のような知識及び技能を身に付けること。

　　（ア）角の二等分線，線分の垂直二等分線，垂線などの基本的な作図の方法を理解すること。

　　（イ）平行移動，対称移動及び回転移動について理解すること。

　イ　次のような思考力，判断力，表現力等を身に付けること。

　　（ア）図形の性質に着目し，基本的な作図の方法を考察し表現すること。

　　（イ）図形の移動に着目し，二つの図形の関係について考察し表現すること。

　　（ウ）基本的な作図や図形の移動を具体的な場面で活用すること。

(2) 空間図形について，数学的活動を通して，次の事項を身に付けることができるよう指導する。

　ア　次のような知識及び技能を身に付けること。

　　（ア）空間における直線や平面の位置関係を知ること。

　　（イ）扇形の弧の長さと面積，基本的な柱体や錐すい体，球の表面積と体積を求めること。

　イ　次のような思考力，判断力，表現力等を身に付けること。

　　（ア）空間図形を直線や平面図形の運動によって構成されるものと捉えたり，空間図形を平面上に表現して平面上の表現から空間図形の性質を見いだしたりすること。

　　（イ）立体図形の表面積や体積の求め方を考察し表現すること。

　〔用語・記号〕弧　弦　回転体　ねじれの位置　π　∥　⊥　∠　△

C　関　数

(1) 比例，反比例について，数学的活動を通して，次の事項を身に付けることができるよう指導する。

　ア　次のような知識及び技能を身に付けること。

　　（ア）関数関係の意味を理解すること。

　　（イ）比例，反比例について理解すること。

　　（ウ）座標の意味を理解すること。

　　（エ）比例，反比例を表，式，グラフなどに表すこと。

　イ　次のような思考力，判断力，表現力等を身に付けること。

　　（ア）比例，反比例として捉えられる二つの数量について，表，式，グラフなどを用いて調べ，それらの変化や対応の特徴を見いだすこと。

　　（イ）比例，反比例を用いて具体的な事象を捉え考察し表現すること。

　〔用語・記号〕関数　変数　変域

D　データの活用

(1) データの分布について，数学的活動を通して，次の事項を身に付けることができるよう指導する。

　ア　次のような知識及び技能を身に付けること。

　　（ア）ヒストグラムや相対度数などの必要性と意味を理解すること。

　　（イ）コンピュータなどの情報手段を用いるなどしてデータを表やグラフに整理すること。

　イ　次のような思考力，判断力，表現力等を身に付けること。

　　（ア）目的に応じてデータを収集して分析し，そのデータの分布の傾向を読み取り，批判的に考察し判断すること。

(2) 不確定な事象の起こりやすさについて，数学的活動を通して，次の事項を身に付けることができるよう指導する。

　ア　次のような知識及び技能を身に付けること。

　　（ア）多数の観察や多数回の試行によって得られる確率の必要性と意味を理解すること。

　イ　次のような思考力，判断力，表現力等を身に付けること。

　　（ア）多数の観察や多数回の試行の結果を基にして，不確定な事象の起こりやすさの傾向を読み取り表現すること。

　〔用語・記号〕範囲　累積度数

正の数と負の数

単元の学習目標　数を「正負の符号と絶対値のセット」で捉え，正の数と負の数を具体的な場面で活用できるようになろう

単元でめざす生徒の成長のイメージ

単元の導入

5−（−3）ってどういう意味？　引き算が2回あるなんて計算できないよ。

単元学習後

正の数と負の数の考え方は，基準との差を表すのにすごく便利だな。陸上部の記録をつけるときにも使ってみよう。

評価のポイントとなる2場面と指導の手だて

　正の数と負の数の計算の学習では，計算練習をいくらやっても生徒の技能が思ったほど向上しないことがある。この後の学習で扱う文字を用いた式や方程式などの学習においても，正の数と負の数の計算を用いる機会があることを見通して，授業改善を考えるようにしたい。

　正の数と負の数の四則計算におけるつまずきには，「項」と「減数」「被減数」などを混同している場合があるのではないかと考えられる。また，同じ計算を減法としてみたり負の数の加法とみたりする式の捉え方の混用などに起因している場合があるのではないかと考えられる。

　以後の学習を見通して，単元全体で，「項」の意味理解や，演算記号と正負の符号の区別を丁寧に扱い，加法と減法を一体的にみることのよさを実感できるようにすることを重視する。

　評価場面1では，加法と減法の混じった計算において，項の意味を理解しているかを選択式で問い，＋や−を，演算記号としてではなく，正負の符号として捉えられているかを見取り，今後の学習の基礎となる知識・技能の生徒の状況を確認する。

　評価場面2では，小学校算数科の平均を使って考える問題から，条件を変えて新たな目標値を基準とすることで，負の数を用いた仮平均の求め方を取り上げ，ワークシートに記述式で説明できるかを見取る。

単元の評価規準

知識・技能	思考・判断・表現	主体的に学習に取り組む態度
❶ 正の数と負の数の必要性と意味を理解している。 ❷ 正の数と負の数の加法と減法の混じった式で，項の意味を理解している。 ❸ 正の数と負の数の四則計算をすることができる。 ❹ 数の集合について捉え直し，四則計算の可能性について理解している。 ❺ 具体的な場面で正の数と負の数を用いて表したり処理したりすることができる。 ❻ 自然数を素数の積として表すことができる。	❶ 算数で学習した数の四則計算と関連付けて，正の数と負の数の四則計算の方法を考察し表現することができる。 ❷ 正の数と負の数を具体的な場面で活用することができる。	❶ 正の数と負の数のよさを実感して粘り強く考えようとしている。 ❷ 正の数と負の数について学んだことを生活や学習に生かそうとしている。 ❸ 正の数と負の数を活用した問題解決の場面を振り返って検討しようとしている。

指導と評価の計画

次	学習の流れ （◎）学習内容　　（・）学習活動	おもな評価規準 ●：記録に残す評価 ○：記録に残さない評価
1	◎　正の数と負の数の必要性と意味（第1～4時） ・＋，－の符号や正の数，負の数の必要性と意味について考える。 ・反対の性質をもつ量について，正の数と負の数を使って表す。	知① 　主①
2	◎　正の数と負の数の四則計算（第5～22時） ・既習の計算をもとにして，正の数と負の数の計算の仕方を考える。	思❶
2	・加法と減法を統一的にみて，加法と減法の混じった式を正の項と負の項の和として捉えて計算する。【評価場面❶】	知② 　主①
2	・正の数と負の数の四則計算をする。	知③ 　主❶
2	・数の集合を捉え直し四則計算の可能性について考える。	知④
3	◎　正の数と負の数の活用（第23～25時） ・正の数と負の数を用いてさまざまな事象における変化や状況について考察する。【評価場面❷】	思❷ 　主②③
3	・具体的な場面で正の数と負の数を用いて表したり処理したりする。	知⑤ 　主❷❸
4	◎　素因数分解（第26～28時） ・自然数を素因数分解する。	知⑥
テスト	・基準と反対の性質をもつ量，項などについて選択式で出題して評価したり，正の数と負の数の四則計算などについて短答式で出題して評価したりする。（知❶❷❸❹❺❻） ・既習事項と関連付けて正の数や負の数の四則計算の方法を考えたり，正の数と負の数を具体的な場面で活用したりすることなどについて記述式で出題して評価する。（思❶❷）	

加法と減法を統一的にみて，加法と減法の混じった式を正の項と負の項の和として捉えて計算する

評価規準

知識・技能	思考・判断・表現	主体的に学習に取り組む態度
② 正の数と負の数の加法と減法の混じった式で，項の意味を理解している。		

授業づくり（形成的な評価）のポイント

　本時のねらいは，加法と減法を統一的にみることで，加法と減法の混じった式を正の項や負の項の和として捉え，いわゆる代数和の考えで計算できるようにすることである。このような式の見方や四則計算は，本単元以降に続く，文字を用いた式や方程式などの学習の中でも基本となる重要な学習内容である。

　例えば，方程式「$x-5=3$」で「-5を移項する」際に，項の符号を変えて他方の辺に移すという都合上，「$x+(-5)=3$」という見方をする必要があるが，「$x-(+5)=3$」と捉えている生徒にとってはつまずきの一因になりかねない。

　そのため，正の数と負の数の加法と減法の混じった式では，「自分はこの式を加法（減法）の計算としてみている」などと，式の見方を生徒が意識できるかどうかがポイントになる。例えば，「$3-2$」という計算は「$-$」を演算記号（ひく）と考えると減法とみることができるし，「$(+3)+(-2)$」と捉えて「$-$」を負の符号（マイナス）と考えると加法とみることもできる。

　正の数と負の数の計算では，それに続く学習を見通して，数を「正負の符号と絶対値のセット」で捉え，自分が「$-$」などを正負の符号として捉えられているのかを意識する機会を設けることが必要である。具体的には，読み仮名をふったり符号に色をつけたりする活動を取り入れるなどして，「項」の意味やその用い方を理解できるようにしたい。

生徒のつまずきを明らかにする確認問題

　授業の導入では，小学校の算数で学習した数の四則計算と関連付けて代数和の考えや計算方法を確認した後に，式を読み上げる活動を取り入れる。例えば，加法と減法が混じった式を「<ruby>−<rt>マイナス</rt></ruby>4<ruby>+<rt>たす</rt></ruby>12<ruby>−<rt>ひく</rt></ruby>9」と読む生徒は，この式を「$(-4)+(+12)-(+9)$」と捉えていると思われる。「$-$」を演算記号（ひく）としてきた小学校以来の経験があるので，そのように読むほうが自然な感覚かもしれないし，誤りではない。ただし，計算するときに「$(-4)+(+12)+(-9)$」とするのであれば，はじめから「<ruby>−<rt>マイナス</rt></ruby>4<ruby>+<rt>プラス</rt></ruby>12<ruby>−<rt>マイナス</rt></ruby>9」と読むと計算の手順が一つ少なくなり，加法の交換法則や結合法則を使って計算しやすくなるため，生徒にはそのような読み方を実践させたい。このような活動を通して，「項」が何を表すのかを理解できるように支援する。

　授業の終末では，計算技能ではなく代数和の考えや項の意味について，次のような評価問題を取り上げ生徒の学習状況を見取る。

評価問題例

加法と減法の混じった式 $-17-(-25)+3+(-14)$ について，下のアからエまでの中に「項」
ではないものが１つあります。それを選びなさい。また，その理由を説明しなさい。

ア -17　　　　**イ** -25　　　　**ウ** 3　　　　**エ** -14

Ｂ評価の生徒のすがた

解答例

・イ

理由：加法だけの式になおすと，$(-17)+(+25)+(+3)+(-14)$ となる。したがって，項は -17, 25, 3, -14
であり，-25 は項ではない。

評価（判断）の理由

・「イ」を選択し，＋や－を，演算記号としてではなく正負の符号として捉えたうえで，理由を説明していれば
　Ｂ評価とする（記述の表現不十分等も許容する）。

Ｃの学習状況に対する指導・支援の手だて

・ある学級で，授業の評価問題として出題したところ，「ウ」を選択した反応率が約10％と高かった。この中に
　は，選択肢に負の数が3つあることから，残りの正の数を選択した生徒や，項を減数や被減数のように捉え
　ている生徒がいると考えられる。

・加法だけの式になおして項を捉えることや，加法だけの式とみて計算するよさなどについて再確認する。

学びを深めるゴール問題

　その後の計算練習の中で，「$3-8-2$」を「$3-6$」のように計算してはいけないわけを，項の意味
をもとに説明する評価問題を取り入れ，学びを深め，再度，生徒の学習状況を見取る。

評価問題例

次の計算は正しいですか。また，その理由を説明しなさい。

$3-8-2$
$=3-6$
$=-3$

Ａ評価の生徒のすがた

解答例

・正しくない

加法だけの式になおすと，$(+3)+(-8)+(-2)$ となるからである。したがって，加法の結合法則を使って，
$3-10=-7$ と計算すると答えは -7 となる。

評価（判断）の理由

・「正しくない」と解答し，項の意味を踏まえて加法と減法の混じった式を，正の項と負の項の和とみて，計算
　の仕方を説明できれば，Ａ評価とする。

留意点 この後の計算問題の学習において，項の意味をもとにして計算の仕方を説明する活動を取り入れるこ
とで，主体的に学習に取り組む態度の観点で「正の数と負の数のよさを実感して粘り強く考えようと
している」についてあわせて評価することも考えられる。

正の数と負の数を用いてさまざまな事象における変化や状況について考察する

本時の評価規準

知識・技能	思考・判断・表現	主体的に学習に取り組む態度
	❷ 正の数と負の数を具体的な場面で活用することができる。	

生徒のつまずきを明らかにする確認問題

　授業の導入で以下の問題を提示し，まずは小学校算数の学習内容である「7m」を基準（仮平均）にした平均の求め方を復習する。

　かずやさんたちは，以下のようなゴムの力で動く車をいくつか作り，地域のイベントで子どもにプレゼントします。

　車と発射台を輪ゴムでつなぎ，車を引いて輪ゴムをのばしてから放すと，車が進みます。検品のため，車の先頭を⑦の位置まで引いて，輪ゴムをのばしてから放し，どれだけ車が進むのかを調べます。1台につき5回実験を行い，進む距離が平均で7m50cmを超えたものだけをプレゼントします。

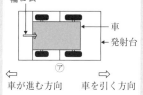

　このとき，ある車が進んだ距離を調べ，表1のようにまとめました。この表をもとに，車が進んだ距離の平均を考えます。

　かずやさんは，平均を求める計算を簡単にするために，7mをこえた部分に着目し，次のように平均を求めました。

【かずやさんの平均の求め方】

> 7mをこえた部分の平均を求めます。
> (52+31+54+20+43)÷5＝40
> 7mに，求めた平均の40cmをたします。
> 車が進んだきょりの平均は，7m40cmです。

表1：実験した結果

回数	車が進んだきょり
1	7m52cm
2	7m31cm
3	7m54cm
4	7m20cm
5	7m43cm

平成29年度全国学力・学習状況調査小学校算数B③

　ここから，基準を「7m50cm」に変え，生徒が基準と反対の性質をもつ量に着目できるような展開が考えられる。このとき，5回の実験記録はそのままにして，求める平均値の正誤ではなく，正の数や負の数を活用して問題解決することへの課題意識が高まるようにする。教科書等は，1問ごとに問題場面が入れ替わることが多いが，本問題では場面は変えず，調査問題の「7m」に「7m50cm」といった新たな基準を追加し，評価問題として学習状況を見取っていく。その際，生徒の学習状況に応じて，「7m」の次に「7m20cm（車が進んだ距離の最小値）」を基準として考える活動を加え，「7m50cm」までの3問構成にして，小学校の学習内容から中学校の学習内容へと，ホップ・ステップ・ジャンプのように取り組めるようにすることも考えられる。基準を「7m50cm」にした考え方に関する次の問題を評価問題とする。

評価問題例

　はるなさんは，【かずやさんの平均の求め方】を聞き，次のように考え，下の表2のようにまとめはじめました。

実験した結果から，目標の7m50cmを基準として，目標より距離が長いときを正の数，目標より距離が短いときを負の数を使って表して平均を求めることができる。

表2：目標（7m50cm）との差

回数	車が進んだ距離	目標との差
1	7m52cm	＋2cm
2	7m31cm	−19cm
3	7m54cm	
4	7m20cm	
5	7m43cm	

はるなさんの考えを参考に，7m50cm を基準としたときの平均の求め方を説明しなさい。

B評価の生徒のすがた

解答例

・目標との差の部分の平均を求めます。
$(＋2−19＋4−30−7)÷5$
$＝−10$
目標の7m50cmに，求めた目標との差の部分の平均−10cmを加えます。
車が進んだ距離の平均は，7m40cmです。

評価（判断）の理由

・正の数と負の数を使い，車が進んだ距離の平均を求めることができていれば，B評価とする（記述の表現不十分等も許容する）。

Cの学習状況に対する指導・支援の手だて

・正の数と負の数を使って平均の求め方を説明することができない生徒には，7mを基準としている【かずやさんの平均の求め方】で，仮平均を使った平均の求め方などの小学校の内容を復習する活動を取り入れる。

・正の数と負の数を活用し，目標（7m50cm）との差に着目して，問題文中の表2を完成させたり目標との差の平均を求めたりするなど，車が進んだ距離の平均の求め方について一つずつ丁寧に確認する活動を取り入れる。その際，基準を変えても，車が進んだ距離の平均は等しくなることを実感できるよう支援する。

学びを深めるゴール問題

　その後，学習活動の中で，以下のような正の数や負の数を使って平均を求めることについて統合的に考え，説明する活動を通して生徒の状況を見取る。

評価問題例

正の数や負の数を使って平均を求める考え方について，わかることを説明しなさい。

A評価の生徒のすがた

解答例

・正の数や負の数を使うと，目標の値を変えても，同じ平均が求められる。

評価（判断）の理由

・正の数や負の数を使って平均を求めることについて統合的に考え，説明していれば，A評価とする。

文字を用いた式

単元の学習目標 文字を用いた式の必要性を理解し，文字を用いて一次式の加法と減法の計算を表現できるようになろう

単元でめざす生徒の成長のイメージ

単元の導入

> 式の中にわざわざ文字を使う必要なんてあるのかな。

単元学習後

> 文字を用いた式で表すと，数量の関係や法則がわかりやすくなるね。

評価のポイントとなる2場面と指導の手だて

　数量の間の関係を文字を用いて等式や不等式に表すことは，方程式やそれ以降の単元，第2，3学年の学習にも大きくかかわる学習内容である。少なくとも次の単元で扱う一元一次方程式の学習を見通して，授業改善を考えるようにしたい。

　文字を用いた式は，使っていくうちに自然に慣れていくと思われがちであるが，文字が出てきただけで抵抗感を示す生徒も少なくない。文字を用いた式で数量の関係を表すことは，方程式や関数においても必要な力となるため，中学校3年間を見通して，肝となる授業として取り上げることにした。

　評価場面1では，問題の一部を変えて，扱う文字の種類を増やしながら数量の間の関係を捉える問題を解く。

　また，立式に困ったときには，文字を具体的な数値に置き換えて考える見方・考え方を働かせられるようにしたい。そのため評価場面2では，さまざまな問題場面を取り上げ，場面1で働かせた見方・考え方を発揮して立式し，文字を用いた式で表すことができるかを見取り，記録に残す評価として扱う。

単元の評価規準

知識・技能	思考・判断・表現	主体的に学習に取り組む態度
❶ 文字を用いることの必要性と意味を理解している。 ❷ 文字を用いた式における乗法と除法の表し方を知っている。 ❸ 簡単な一次式の加法と減法の計算をすることができる。 ❹ 数量の関係や法則などを文字を用いた式に表すことができる。 ❺ 数量の関係や法則などを式を用いて表したり読み取ったりすることができる。	❶ 具体的な場面と関連付けて、一次式の加法と減法の計算の方法を考察し表現することができる。	❶ 文字を用いることの必要性と意味を考えようとしている。 ❷ 文字を用いた式について学んだことを生活や学習に生かそうとしている。 ❸ 文字を用いた式を活用した問題解決の過程を振り返って検討しようとしている。

指導と評価の計画

次	学習の流れ （◎）学習内容　（・）学習活動	おもな評価規準 ●：記録に残す評価 ○：記録に残さない評価
1	◎ **文字を用いることの必要性と意味**（第1〜8時） ・文字を用いることの必要性と意味を理解する。【評価場面❶】 ・数量の関係や法則などを，文字を用いて式に表したり，式の意味を読み取ったりする。	知① 主① 知④
2	◎ **文字を用いた式における乗法と除法の表し方**（第9, 10時） ・項や係数の意味，文字を用いた式における乗法と除法の表し方を理解する。 ◎ **一次式の加法と減法**（第11〜14時） ・一次式の加法と減法の計算の方法を，具体的な数の計算や日常生活の場面と関連付けて考える。 ・簡単な一次式の加法と減法の計算をする。	知② 思① 主❶ 知③
3	◎ **式を用いて表したり読み取ったりすること**（第15〜18時） ・数量の関係や法則などを等式や不等式で表したり，等式や不等式の意味を読み取ったりする。【評価場面❷】 ・文字を用いた式に正の数や負の数を代入して，式の値を求めて，具体的な場面と結び付けて考える。	知❺ 主❷❸
テスト	・単元の評価規準を踏まえ，例えば，文字を用いることの必要性や意味について選択式で出題して評価したり，一次式の加法と減法の計算の方法を具体的な数の計算と関連付けて説明すること，文字を用いた式の意味を読み取ること，整数の性質について新たな性質を見いだすことについて出題し，思考力，判断力，表現力等の状況を評価したりする。（知❶❷❸❹❺　思❶）	

文字を用いることの必要性と意味を理解する

評価規準

知識・技能	思考・判断・表現	主体的に学習に取り組む態度
① 文字を用いることの必要性と意味を理解している。		

授業づくり（形成的な評価）のポイント

　文字を用いた式は，数量の関係や法則等を簡潔，明瞭に，そして一般的に表現するために必要である。

　学習指導にあたっては，変数として文字を用いることの理解を深め，簡単な場合について，数量の関係や法則等を文字を用いた式で表したり，式から読み取ったりできるようにすることが大切である。文字の有無ではなく，数量の関係を捉える場面（演算決定）でつまずく生徒もいれば，具体的な数ならば立式できても，文字になるとつまずく生徒もいる。生徒の状況に留意しながら授業を展開したい。

学びを深めるゴール問題

　授業の導入では，次のような具体的な数値の問題から，問題の条件を一部変え，文字を用いて表す数量を増やしていく。

> (1)　4mの重さが8kgの棒があります。この棒の1mの重さは何kgですか。
> (2)　8mの重さが4kgの棒があります。この棒の1mの重さは何kgですか。
> (3)　5mの重さがagの針金があります。この針金1mの重さは何gですか。

　(1)，(2) を通して，小学校算数科の学習を振り返り，「1mの重さ」が「重さ÷長さ」で求められることを確認する。そして，(3) で，重さを文字を用いて表し，数量の関係を捉えて演算決定できるかをみていく。数量の関係を捉える際には，「困ったら，"例えば"をいくつか考える」として，右のように，具体的な数の例をあげて考える手立てについて共有するようにする。

5mの重さが100gの針金	→	1mの重さは，$100 \div 5 = 20$ (g)
5mの重さが120gの針金	→	1mの重さは，$120 \div 5 = 24$ (g)
5mの重さが200gの針金	→	1mの重さは，$200 \div 5 = 40$ (g)
5mの重さがagの針金	→	1mの重さは，$a \div 5 = \dfrac{a}{5}$ (g)

　文字を用いて式に表すことは，小学校算数科で具体的な数値を用いて立式を考えればよかったものから，数問分をさらに統合的に考え，一般的に表すようなものであり，中学校に入学したばかりの生徒にとって決して容易なことではない。そこで，時間が許す限り，類似の問題に取り組み，生徒が文字を用いることの必要性と意味，そして数量の関係を捉えることにじっくりと向き合う時間を取るようにしたい。

　授業の後半で，次のような評価問題を取り上げ，生徒の学習状況を見取る。本単元では，文字を用いた式における乗法や除法の表し方なども大切だが，このような見方・考え方を働かせて考える経験をたくさんさせるようにして，今後の学習の基盤として丁寧に扱いたい。

評価問題例

(1) am の重さが bg の針金があります。この針金 1m の重さを a, b を用いた式で表したものが，次のアからカまでの中にあります。1 つ選び，それを選んだ理由を説明しなさい。

(2) このような文字を用いた式のよさを説明しなさい。

ア $a+b$　　イ $a-b$　　ウ $b-a$　　エ $a×b$　　オ $a÷b$　　カ $b÷a$

B評価の生徒のすがた

解答例

(1) カ

理由：1m あたりの重さは「重さ÷長さ」で求めることができるから。

(2) わからない

評価（判断）の理由

・(1)で「カ」を選択し，1m あたりの重さは「重さ÷長さ」で求められることなどを理由として説明していれば B 評価とする（記述の表現不十分や無解答も許容するが，できれば上記のような解答をひきだしたい）。

A評価の生徒のすがた

解答例

(1) カ

理由：例えば，5m の重さが 100g のとき，針金 1m の重さは「100÷5」で「20g」と求めることができる。5m の重さが 120g のとき，針金 1m の重さは「120÷5」で「24g」と求めることができる。したがって，1m あたりの重さは「重さ÷長さ」で求めることができるから，「$b÷a$」で $\dfrac{b}{a}$ と求めればよい。

(2) どんな数字でも当てはめて解けるから。

評価（判断）の理由

・(1)で「カ」を選択し，理由を説明したうえで，(2)で文字を用いた式のよさについて説明していれば，A 評価とする。

Cの学習状況に対する指導・支援の手だて

・「$b÷a=\dfrac{b}{a}$」のような，文字を用いた式における除法の表し方を注視したくなるが，まずは本問題で「$b÷a$」の立式でつまずいている生徒がいないかを確認するようにしたい。

・つまずいている生徒には，「文字が出てきたら"例えば"をいくつか考える」といった，具体的な数の例をあげて考える活動を再度取り入れて，立式につなげることが考えられる。

数量の関係や法則などを等式や不等式で表したり，等式や不等式の意味を読み取ったりする

本時の評価規準

	知識・技能	思考・判断・表現	主体的に学習に取り組む態度
❺	数量の関係や法則などを式を用いて表したり読み取ったりすることができる。		

学びを深めるゴール問題

　授業の導入で，等式や不等式，左辺や右辺，両辺などについて確認した後で，領域や学年の枠を越えて，数量の関係を等式や不等式で表す活動に取り組む際に，次のような問題をいくつか取り上げることが考えられる。

次の数量の関係を，等式または不等式で表しなさい。
(1) 1個 90 円のオレンジを x 個と，1個 140 円のりんごを y 個買ったら，代金の合計は 1800 円でした。
(2) 1個 90 円のオレンジと 1個 140 円のりんごを，合わせて 15 個買ったら，代金の合計は 1800 円でした。
(3) xm のひもから am のひもを 2 本切り取ったら，残りの長さが 1m より短くなりました。
(4) 定形郵便物の郵便料金が 84 円になるのは，手紙の重さが 25g 以下のときです。
　　ふみさんが，1枚 4g の便せん x 枚を，重さ 5g の封筒に入れて手紙を出したら，郵便料金が 84 円でした。
(5) ある数 x ともう 1 つの数があり，2 つの数の差は 3 で，積は 28 です。

　このように方程式の学習等で扱う内容を一部先取りした問題を取り上げるなどして，式を用いて数量の関係や法則などを表したり，その意味を読み取ったりするとともに，文字を用いた式は優れた表現方法であることを実感し，式を積極的に活用できるようにすることが大切である。

　また，数量の間の関係を不等式で表す活動では，数量を文字式で表した後，左辺と右辺を比べ，どちらが大きいかを判断し，不等号の向きを決定するプロセスを大切にしたい。また，計算の過程を表す記号としてではなく，相等関係を表す記号として不等号を用いることは，次の方程式の学習を見通して大切に扱いたい。

　授業の後半では，以下の評価問題で生徒の状況を見取る。本単元の学習だけでなく，方程式や関数の学習でも文字を用いた式で表すことがあり，本問題も一次関数で扱うものをあえて取り上げている。

評価問題例

長さ 16cm の線香があり，この線香は 1 分間におよそ 0.5cm 燃えます。x 分間燃やしたときの残りの線香の長さを $y$cm として式に表したものが，次のアからエまでの中にあります。正しいものを選び，それを選んだ理由を答えなさい。

- ア　$16-0.5x=y$
- イ　$-16+0.5x=y$
- ウ　$y-16=0.5x$
- エ　$16=0.5x+y$

B評価の生徒のすがた

解答例

・ア

理由：「$0.5x$（cm）」は燃えた長さなので，もとの線香の長さ「16（cm）」からひくと，残りの長さ「y（cm）」と等しくなる。

　　　だから，「$16-0.5x=y$」の式で表せる。

・エ

理由：「16（cm）」がもとの線香の長さだから，燃えた長さ「$0.5x$（cm）」と，残りの長さ「y（cm）」の和に等しい。

　　　だから，「$16=0.5x+y$」の式で表せる。

評価（判断）の理由

・「ア」または「エ」のどちらか一つを選択していれば，B評価とする（記述の表現不十分や無解答を許容する）。

A評価の生徒のすがた

解答例

・アとエ

理由：もとの長さと燃えた長さ，残りの長さの関係で，「ア」は残りの長さを，「エ」はもとの長さをそれぞれ表している。

評価（判断）の理由

・アとエの両方を選択し，その式がどの数量に着目しているかなどを考察していれば，A評価とする。

Cの学習状況に対する指導・支援の手だて

・本問題で「イ」や「ウ」を選択した生徒は，項の意味や相等関係を捉えていない可能性がある。そこで，「文字が出てきたら"例えば"をいくつか考える」といった，具体的な数の例をあげて考える活動を再度取り入れて，立式につなげる。

・例えば線香を4分間燃やすと，燃えた長さは「$0.5×4$」で求められるから，残りの線香の長さは「$16-0.5×4=14$」，10分間燃やすと，燃えた長さは「$0.5×10$」で求められるから，残りの線香の長さは「$16-0.5×10=6$」となる。このように具体的な数で考えることによって，「$16-0.5×x=y$」といった考え方にたどり着くような活動を取り入れる。

留意点　授業の終末では，本時で扱った問題のうち，(2) のように次の一元一次方程式の学習につながるものや，(1) や (5) のように後の学年で学習するものなどを再度取り上げて，学習を振り返る。また，生徒の状況に応じて，評価問題で「残りの長さ」や「もとの長さ」に着目したことから，「燃えた長さに着目して式に表すことができるのではないか」など，発展的に考える活動を取り入れることも考えられる。

一元一次方程式

単元の学習目標 方程式の必要性と意味を理解し，一元一次方程式を具体的な場面で活用できるようになろう

単元でめざす生徒の成長のイメージ

単元の導入

$x+4=7$ のような方程式を解くよりも，逆算したり数を代入して考えた方が早いと思うんだけど……。

単元学習後

身の回りの事象を x や y を使った等式で表したら，その関係が捉えやすくなったよ。

評価のポイントとなる2場面と指導の手だて

　方程式の解の意味を，一元一次方程式だけで考えると，「方程式の解は1つしかない」のように誤解してしまい，二元一次方程式や一元二次方程式などの学習でつまずきの原因となることがある。そうならないためにも，以後の方程式の学習を広く見通して，解の意味を捉えられるようにしたい。

　また，方程式の学習では，それを解く技能の習得にばかり目が向いてしまうが，文字を用いた式の計算における変形との違いを振り返って考えたり，求めた解を問題に即して解釈したりする活動が大切である。

　評価場面1は，方程式の意味を理解しているかを選択式で問い，生徒の達成状況を見取り，一元一次方程式だけでなく，発展的に一元二次方程式を取り上げて解を考える活動を取り入れる。

　評価場面2は，一元一次方程式を具体的な場面で活用し，求めた解を問題に即して解釈し，問題の答えとして適切かどうかを選択式で問い，その理由を記述する授業を行う。本時のワークシートを記録に残す評価とする。

単元の評価規準

知識・技能	思考・判断・表現	主体的に学習に取り組む態度
❶ 方程式の必要性と意味および方程式の中の文字や解の意味を理解している。	❶ 等式の性質をもとにして，一元一次方程式を解く方法を考察し表現することができる。	❶ 一元一次方程式の必要性と意味および方程式の中の文字や解の意味に気付いて粘り強く考えようとしている。
❷ 簡単な一元一次方程式を解くことができる。	❷ 一元一次方程式を具体的な場面で活用することができる。	❷ 一元一次方程式について学んだことを生活や学習に生かそうとしている。
❸ 等式の性質と移項の意味を理解している。		❸ 一元一次方程式を活用した問題解決の場面を振り返って検討しようとしている。
❹ 事象の中の数量やその関係に着目し，一元一次方程式をつくることができる。		
❺ 簡単な比例式を解くことができる。		

指導と評価の計画

次	学習の流れ （◎）学習内容　　（・）学習活動	おもな評価規準 ●：記録に残す評価 ○：記録に残さない評価
1	◎ **方程式の必要性と意味およびその解の意味**（第1〜3時） ・方程式の必要性と意味およびその解の意味について考える。【評価場面❶】 ・一元一次方程式に数を代入して，その数が解であるかを確かめる。 ・簡単な一元一次方程式をつくる。	知① 主①
2	◎ **等式の性質と一元一次方程式を解くこと**（第4〜7時） ・等式の性質と移項の意味について考える。 ・等式の性質をもとにして，一元一次方程式の解き方を考える。 ・移項してよい理由を，等式の性質をもとにして考える。 ・方程式の解法における変形の過程と，文字を用いた式の計算における変形の過程を振り返り，その違いについて考える。	知② 思① 知③ 主❶
3	◎ **一元一次方程式の活用**（第8〜14時） ・具体的な事象の中の数量の関係を捉え，一元一次方程式をつくる。 ・求めた解や解決の方法が適切であるかどうかを振り返って考える。【評価場面❷】 ・一元一次方程式を具体的な場面で活用する。 ・簡単な比例式を解く。	知④ 思❷ 主②③ 思❷ 主❷❸ 知⑤
テスト	・一元一次方程式を解く技能の問題は必要最小限にとどめ，方程式の解の意味や移項してよい理由などを選択式や記述式で出題する。活用問題では，求めた解や解決の方法が適切であるかどうかを振り返って説明する記述式の問題等を出題する。（知❶❷❸❹❺　思❶❷）	

方程式の必要性と意味およびその解の意味について考える

評価規準

	知識・技能	思考・判断・表現	主体的に学習に取り組む態度
①	方程式の必要性と意味および方程式の中の文字や解の意味を理解している。		

授業づくり（形成的な評価）のポイント

　方程式は，変数（未知数）を含んだ相等関係についての条件を表した等式であり，方程式を用いることにより，条件を満たす値を的確に求めることができる。また，方程式の解は，その条件を満たす値である。

　例えば，方程式「$x+4=7$」を，「ある数xと4の和が，7に等しくなるようなxの値は何か？」という問いと考えると，xの値が「3」のときに等式が成り立つので，この「3」が方程式の解ということになる。ところが，生徒はこの方程式のxに-2，-1，0，1，2，3，……などと代入しなくても，逆算の考えなどにより，すぐ「$x=3$」が見つかるので，このようにして方程式の解を求めることが，解の意味を理解するうえで重要であるということを，実感しにくい。だからといって，一元一次方程式を解く練習に終始するのではなく，方程式の解の意味理解をいっそう重視する授業づくりについて考えたい。

生徒のつまずきを明らかにする確認問題

　授業の導入で，方程式やその解についての定義を確認し，方程式の文字にいろいろな値を代入して解を探す活動を取り入れることが考えられる。その後，以下の評価問題を提示し，生徒の学習状況を見取る。

　上記の問題のほかにも，一元一次方程式だけでなく，思い切って一元二次方程式などを取り上げて，条件を満たす値を探す活動を取り入れることも考えられる。一元一次方程式だけだと，生徒が「方程式の解は1つしかない」のように誤解することがあるので，「$x^2+6=5x$」のような，未習の一元二次方程式を取り上げ，発展的に考えることで，「一元一次方程式の解」ではなく，「方程式の解」について考えることができるようにしたい。

評価問題例

　一次方程式 $2x=x+3$ の左辺と右辺のそれぞれの x に 3 を代入すると，次のような計算をすることができます。

$2x=x+3$ について，$x=3$のとき，
　（左辺）$=2\times3$　　　（右辺）$=3+3$
　　　　　$=6$　　　　　　　　　$=6$

　このとき，この方程式の解についていえることを，下のアからエまでの中から1つ選び
なさい。

　　　ア　この方程式の解は6である。
　　　イ　この方程式の解は3である。
　　　ウ　この方程式の解は3と6である。
　　　エ　この方程式の解は3でも6でもない。

平成28年度全国学力・学習状況調査中学校数学A③ (2)

B評価の生徒のすがた

解答例

・イ

評価（判断）の理由

・「イ」と選択していればB評価とする。

Cの学習状況に対する指導・支援の手だて

・平成28年度全国学力・学習状況調査中学校数学A③ (2) では，誤答の中で「ア」を選択した反応率が約30%
と最も多くなった。この中には，左辺と右辺の計算結果と方程式の解を混同している生徒がいると考えられ
る。そのような生徒には，方程式を解く練習だけでなく，方程式を解いた後に，方程式の左辺と右辺に代入
して等式が成り立つことを確かめさせる。

学びを深めるゴール問題

　次に以下の問題で生徒の学習の状況を見取る。生徒は，一元一次方程式の文字にいろいろな値を
代入して解を探すときに，一元一次方程式の解が1つだけであることを暗黙の了解のように捉えて
いることがある。そこで例えば，本問題のように解が他にはないことを，第1学年なりに理解し説
明できるようにしたい。この活動は，関数的な見方・考え方とも関連し，第2学年の二元一次方程
式のグラフと連立方程式などの学習につながる。また，第3学年の一元二次方程式の学習で，複数
の解を探す活動の必要性にもつながる。

評価問題例

方程式 $2x=x+3$ の解は，$x=3$ の他にもあるか調べなさい。

A評価の生徒のすがた

解答例

・方程式 $2x=x+3$ の x に，いろいろな値を代入して調べてみると，
　　$x=1$ のとき　（左辺）$=2$　（右辺）$=4$
　　$x=2$ のとき　（左辺）$=4$　（右辺）$=5$
　　$x=3$ のとき　（左辺）$=6$　（右辺）$=6$
　　$x=4$ のとき　（左辺）$=8$　（右辺）$=7$
　　$x=5$ のとき　（左辺）$=10$　（右辺）$=8$
のように，$x=3$ のときに，等式が成り立つが，その前後では，左辺と右辺の値の差がだんだんと大きくなっ
ていくだけなので，この方程式の解は $x=3$ の他にはない。

評価（判断）の理由

・方程式について，左辺と右辺の x にいろいろな値を代入して等式が成り立つかどうか調べたことを説明して
いればA評価とする。

求めた解や解決の方法が適切であるかどうかを振り返って考える

本時の評価規準

知識・技能	思考・判断・表現	主体的に学習に取り組む態度
	❷ 一元一次方程式を具体的な場面で活用することができる。	

生徒のつまずきを明らかにする確認問題

　本時のねらいは，一元一次方程式を具体的な場面で活用できるようにすることである。「①求めたい数量に着目し，それらを文字で表す」「②問題の中の数量やその関係から，2通りに表される数量を見いだし，文字を用いた式や数で表す」「③それらを等号で結んで方程式をつくり，その方程式を解く」「④求めた解を問題に即して解釈し，問題の答えを求める」といった一連の活動を，生徒が主体的に行えるようにすることが大切である。

　いくつかの活用問題の1問として，いわゆる「追いつき算」の問題を取り上げる。これは，「④求めた解を問題に即して解釈し，問題の答えを求める」活動の必要性を実感できるようにするためである。

評価問題例

　姉は9時に家を出発して800 m離れた駅に向かいました。

　姉の忘れものに気づいた妹が，姉が駅に着く前に届けようとして，9時10分に家を出発し，自転車で姉を追いかけました。姉の歩く速さを毎分60m，妹の自転車の速さを毎分210mとすると，妹が姉に追いつくのは，9時何分ですか。

　さくらさんは，この問題について，方程式を使って次の解答をつくりました。

> さくらさんの解答
> 9時x分に妹が姉に追いつくとすると，
> 　　$210(x-10)=60x$
> 　　これを解いて，$x=14$ 　　　　答　9時14分

　さくらさんの解答で求めた時刻を問題の答えとしてよいか，下のア，イの中から正しいものを1つ選び，その理由を説明しなさい。

ア　求めた時刻を問題の答えとしてよい。
イ　求めた時刻を問題の答えとしてはいけない。

B評価の生徒のすがた

解答例

・イ

理由：妹が，姉に9時14分に追いついたとすると，そのときの家からの距離は，$210×(14-10)$で840mとなる。家から駅まで800m離れているので，妹が姉に追いつく前に，姉が駅に着く前には届けることができない。したがって，求めた時刻を問題の答えとしてはいけない。

評価（判断）の理由

・「イ」を選択し，「妹が姉に追いつく前に，姉は駅に着いてしまう」のように記述していればB評価とする（表現不十分を許容する）。

Cの学習状況に対する指導・支援の手だて

・「ア」を選択した生徒の中には，求めた解をそのまま問題の答えとすることに疑いをもたず，求めた解を問題に即して解釈し，問題の答えを求めるという過程が必要であることを理解していない場合がある。

・姉と妹の動きを，アニメーションで提示したりグラフに表したりすることで，方程式をつくるときに用いなかった「800m」という条件に注目させ，妹が姉に追いつく前に，姉は駅に着いてしまうことを実感できるようにする。

学びを深めるゴール問題

さらに，問題解決を振り返って，姉に追いつけるように条件を見直すなど，発展的に考える活動を取り入れ，生徒の状況を見取る。

評価問題例

　妹が9時10分に家を出発して，姉が駅に着く前に追いつくためにはどうすればよいでしょうか？

A評価の生徒のすがた

解答例

・妹が姉に追いつくためには，
姉が駅に着く時間は$800÷60＝13.33……$なので，妹はおよそ13分で着かなければならない。
よって，妹の自転車の速さを毎分x分とすると，
$x×(13-10)＝800$　これを解くと
$x＝\dfrac{800}{3}$となるので
およそ毎分267m以上の速さで進めばよい。

評価（判断）の理由

・妹の自転車の速さを変えて，姉が駅に着く前に追いつけるように条件を見直していればA評価とする。

留意点 このような学習を通して，問題解決の過程を振り返り，得られた結果を意味づけたり活用しようとしたりする態度を養うこともできるので，主体的に学習に取り組む態度の観点についても，評価場面の一つとすることができる。

平面図形

単元の学習目標 図形の性質や作図の方法を理解し，具体的な場面で基本的な作図や図形の移動ができるようになろう

単元でめざす生徒の成長のイメージ

単元の導入
ヒントとなる図を見ても，そこからどう作図につながるかまったく思いつかないよ。

単元学習後
それぞれの図形がもつ性質を理解したら，根拠をもって作図にとりかかれるようになった。

評価のポイントとなる2場面と指導の手だて

　平面図形の性質や移動を，直観的に捉えて問題解決してしまう生徒は，図形の問題について論理的に考察する意識が弱いことがある。生徒が，図形の性質や図形の移動に関する数学的な見方・考え方を働かせて，作図や図形の移動について考察できるようにするために，どのような授業改善の工夫が必要なのか考えたい。

　結論を導く根拠となる図形の性質に着目したり論理的に説明したりすることは，第2学年や第3学年の図形領域の学習において重要度が増していく。第1学年の学習でその素地をしっかりとつくるために，図形を直観的に捉え，正しそうだと思ったことを使って問題を解決している生徒の学習状況を見取る。生徒の解決のプロセスを振り返り，数学的な表現を使って論理的に説明する活動を取り入れるなどして，直観的な思考から論理的な思考への橋渡しを重視しながら，そのギャップを適宜補うような指導を心がけることが大切である。

　評価場面1では，基本的な作図の方法を取り上げ，生徒が図形の対称性や図形を決定する要素について着目し，見通しをもって考えているかを見取る。

　評価場面2では，万華鏡の仕組みについて扱う。もとの図形の移動前後を比較し，3つの方向の対称移動について数学的な表現を用いて説明できるかどうかを，授業シートやレポート課題等により見取る。

単元の評価規準

知識・技能	思考・判断・表現	主体的に学習に取り組む態度
❶ 平行移動, 対称移動および回転移動について理解している。	❶ 図形の移動に着目し, 2つの図形の関係について考察し, 表現することができる。	❶ 平面図形の性質や関係を捉えることのよさを実感して, 粘り強く考えようとしている。
❷ 角の二等分線, 線分の垂直二等分線, 垂線などの基本的な作図方法を理解している。	❷ 図形の性質に着目し, 基本的な作図の方法を考察し表現することができる。	❷ 平面図形について学んだことを生活や学習に生かそうとしている。
❸ 円の半径と接線との関係, 弧や弦の意味を理解している。	❸ 基本的な作図や図形の性質を具体的な場面で活用することができる。	❸ 平面図形の性質を活用した問題解決の場面を振り返って検討しようとしている。

指導と評価の計画

次	学習の流れ （◎）学習内容　　（・）学習活動	おもな評価規準 ●：記録に残す評価 ○：記録に残さない評価
1	◎　平行移動, 対称移動および回転移動（第1〜5時） ・平行移動, 対称移動および回転移動の意味を理解する。 ・2つの図形のうち一方を移動して他方に重ねる方法を見いだしたり, 1つの図形を移動する前と後で比較したりして図形の性質や関係を捉える。	知① 主① 思①
2	◎　基本的な作図（第6〜14時） ・作図の意味を理解する。 ・角の二等分線などの基本的な作図の方法を図形の対称性や図形を決定する要素に着目して考察する。【評価場面❶】 ・定規とコンパスを作図の道具として, 角の二等分線, 線分の垂直二等分線, 垂線などの基本的な作図をする。 ・円の半径と接線との関係, 弧や弦の意味について理解する。	 思② 主① 知② 知③
3	◎　作図や図形の移動を具体的な場面で活用すること（第15〜20時） ・図形の対称性や移動に着目し, 麻の葉などの伝統文様や万華鏡の特徴について考察する。【評価場面❷】 ・基本的な作図を活用し, 30°や75°などの角を作図する方法を見いだし, その方法で作図ができる理由を説明する。 ・作図した図形が条件に適するかを振り返って考えたり, 作図した結果を図形の移動の見方から確かめたりする。	思❸ 主② 思❸ 主❶❷ 思❸ 主❸
テスト	・図形の移動や作図, 円の半径と接線との関係, 弧や弦の意味等について選択式で出題する。（知❶❷❸思❶❷❸） ・基本的な作図ができるかだけではなく, 作図した図形が条件に適するかを振り返り, 考えたこと等について記述式で出題し, 思考・判断・表現力等の状況を評価したりする。	

角の二等分線などの基本的な作図の方法を図形の対称性や図形を決定する要素に着目して考察する

評価規準

知識・技能	思考・判断・表現	主体的に学習に取り組む態度
	② 図形の性質に着目し，基本的な作図の方法を考察し表現することができる。	

授業づくり（形成的な評価）のポイント

　角の二等分線などの基本的な作図では，直観的に試行錯誤して作図の方法を見いだすのではなく，図形の対称性や図形を決定する要素に着目し，作図の方法を見いだす経験を繰り返すことで，図形的な数学的な見方・考え方を豊かに働かせることができるようになることを生徒に実感させることが大切である。

学びを深めるゴール問題

　授業の導入で，図1のみを提示し，辺や角の関係や線分の垂直などの「交わる2つの円の性質（図形の対称性）」について復習したうえで，下記の問題を取り上げ，線分の垂線を作図する方法を見いだす活動を取り入れる。図1と図2の関連性に気付くことのできない生徒がいるときには，「図2が△ABCではなく，△PABだったらどうだろうか？」などと補助発問し，図1との関連性に着目させ，図2に2つの円をかき，図1の直線PQ（線分PM）にあたるものを作図すればよいことを見いだせるようにしたい。その後，あらためて以下の問題を問い，生徒の状況を見取る。

　授業の終末には，図1の∠PAQを示して，角の二等分線を作図する方法を考えさせたり，点Aと直線PQを示して，その垂線ABを作図する方法を考えさせたりする。時間の許す限り，図形の対称性や図形を決定する要素に着目した基本的な作図を複数回取り入れ，生徒が見方・考え方を豊かに働かせ，粘り強く考えたり自らの学習を調整したりできるようにしたい。

評価問題例

　ゆうとさんとさくらさんは，図2の △ABC の点Aから辺BCにひいた高さを作図する方法について，次のように話しています。

　ゆうと：どうすれば，△ABCの高さを作図できるのかな？
　さくら：図1のような，交わる2つの円でつくった四角形APBQに着目して考えればできるよ。
　ゆうと：えっ？　どういうこと？
　さくら：図1の四角形APBQと，図2の△ABCを比べてみればいいんじゃないかな？
　ゆうと：ホントだ！　作図できそうだ！

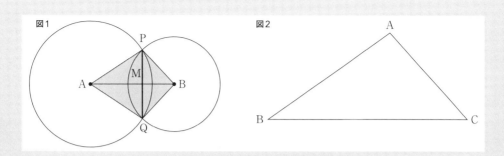

図2で，△ABCの点Aから辺BCにひいた高さを作図する手順について説明しなさい。

B評価の生徒のすがた

解答例

　点Bを中心に半径ABとなる円をかき，点Cを中心に半径ACとなる円をかく。2つの円の交点を点Dとし，直線ADをひく。

評価（判断）の理由

・△ABCの点Aから辺BCにひいた高さを作図する手順について説明していればB評価とする（表現不十分を許容する）。

A評価の生徒のすがた

解答例

　図2の△ABCにおいて，図1でAP＝AQとなるような円をかくようにして，図2で点Bを中心に半径ABとなる円をかく。同じように，図1でBP＝BQとなるような円をかくようにして，図2で点Cを中心に半径ACとなる円をかき，2つの円の交点Dと点Aを結ぶ。

　△DBCは直線BCを対称の軸として△ABCを対称移動した図形であり，AD⊥BCとなるので，直線ADをひく。このとき，ADとBCの交点をEとすると，線分AEが△ABCの高さである。

評価（判断）の理由

・図2の三角形の高さを作図する方法について，図1の交わる2つの円の性質と関連付けながら説明していればA評価とする。

Cの学習状況に対する指導・支援の手だて

・図2において△ABCの点Aから辺BCへ垂線を下ろした高さの部分を，具体的にイメージさせたうえで，定規とコンパスを使って，△ABCの点Aを通る高さの部分を作図する手順を確認する。そして，それぞれの手順における円の中心と半径に着目させ，作図の方法を説明できるように支援する。

・作図の方法を振り返って，図1と比較して考える活動を取り入れ，交わる2つの円がそれぞれの中心同士を結ぶ直線に対して線対称であることを用いていることなどを確認できるようにする。

留意点　本問題を扱った後で，図形の対称性に着目してさまざまな基本的な作図の方法を見いだす活動を取り入れることで，主体的に学習に取り組む態度の観点で「平面図形の性質や関係を捉えることのよさを実感して粘り強く考えようとしている」についてあわせて評価することも考えられる。

図形の対称性や移動に着目し，麻の葉などの伝統文様や万華鏡の特徴について考察する

本時の評価規準

知識・技能	思考・判断・表現	主体的に学習に取り組む態度
	❸ 基本的な作図や図形の性質を具体的な場面で活用することができる。	

生徒のつまずきを明らかにする確認問題

　日常の事象を図形の形や大きさ，構成要素や位置関係に着目して観察し，その特徴を捉えることで，図形の性質や関係を用いて日常の事象の特徴をより的確に捉えたり，問題を解決したりすることができるようにしたい。そこで，平成29年度全国学力・学習状況調査中学校数学B①を取り上げ，万華鏡が美しい模様を描く仕組みについて数学的に考察する。

　授業の導入では，簡易的な万華鏡を使って観察したり，万華鏡の模様を使って移動を確認したりする活動を取り入れる。また，もとの図形を提示し，鏡を1枚たてたときと2枚（向かい合わせ），3枚（正三角形）たてたときの違いを，体験を通して捉えられるようにする。

　その後，以下の問題を提示する。

　正三角柱の底面にある模様が図1である場合，図2のような模様が見えます。これは，隣り合う正三角形がすべて，共通する辺を軸に線対称になっているとみることができます。例えば，図3にある4枚の正三角形に着目すると，隣り合う正三角形は，共通する辺を軸に線対称になっていることがわかります。

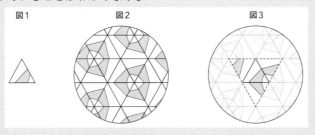

　図3の真ん中にある正三角形が下の図4の模様である場合を考えます。このとき，点線で囲まれた正三角形の模様が，下のアからエまでの中にあります。それを1つ選びなさい。

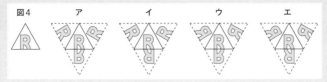

平成29年度全国学力・学習状況調査中学校数学B①(1)

　上記の問題で，生徒が3つの方向の対称移動について理解しているか確認したうえで，次の問題を出題し，移動前と移動後の2つの図形の関係を調べ，回転移動について数学的な表現を用いて説明する活動を取り入れる。時間があれば，さらに万華鏡の模様を変えて考察する活動を取り入れる。

評価問題例

　図2の模様を図5のように広い範囲で考えます。図5の四角形 ABCD の模様は，1回の回転移動で四角形 GBEF の模様に重なります。四角形 ABCD の模様は，どのような回転移動によって四角形 GBEF の模様に重なるか書きなさい。

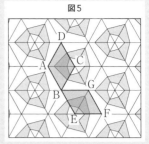

図5

平成29年度全国学力・学習状況調査中学校数学B① (2)

B評価の生徒のすがた

解答例

四角形 ABCD を点 B を中心として，時計回りに120°回転移動した図形は，四角形 GBEF に重なる。

評価（判断）の理由

・2つの図形の関係を回転移動に着目して捉え，「回転の中心の位置」や「回転角の大きさ」など数学的な表現を用いて説明することができていれば，B評価とする（回転の方向に関する記述がないものなどを許容する）。

Cの学習状況に対する指導・支援の手だて

・ICTなどを活用し，移動の様子を視覚的に捉えるとともに，対応する頂点と回転の中心を結んで回転角の大きさについて考察できるように支援する。

・生徒との口頭のやりとりで，回転移動とはどのような移動かを確認し，回転の方向だけでなく，回転させる角の大きさについても説明が必要なことに気づかせる。

学びを深めるゴール問題

　授業の終末では，以下のように図形の移動について説明する活動を通して生徒の状況を見取る。本問題を終えた後は，身の回りの事象で美しいといわれる「麻の葉」などの伝統文様や歴史的建造物，マークなどについてレポート課題などで取り上げ，学びが深まるようにする。

評価問題例

　図5の四角形 ABCD の模様が，1回の回転移動で重なる四角形 BGEF 以外の模様を見つけ，どのような回転移動で重なるか説明しなさい。

A評価の生徒のすがた

解答例

　四角形 ABCD を点 E を中心として，反時計回りに60°回転移動した図形は，四角形 HIJK に重なる。

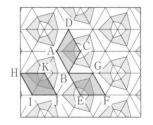

評価（判断）の理由

・図形の移動について説明することができれば，A評価とする。

空間図形

単元の学習目標 ── 空間図形の性質や構成要素を理解し，立体図形の表面積や体積の求め方を表現できるようになろう

単元でめざす生徒の成長のイメージ

単元の導入

空間図形の見取図の辺の長さや面の形って，実際の立体とは違うからイメージしにくいな。

単元学習後

見取図の見た目に騙されずに，空間図形の辺の長さや表面積を求めることができるようになった。

評価のポイントとなる2場面と指導の手だて

　立体図形の線分や平面の関係を捉えたり，図形の表面積や体積などを求めたりする際，多くの生徒は，「きまりごと」として関係や公式を暗記している。生徒が図形の構成要素に着目し，目的に応じて立体を捉え直す数学的な見方・考え方を働かせて，知識や技能を活用するための工夫が必要である。

　この単元では，図形の性質や関係を直観的に捉え，それを論理的に考察する力を養うために，観察や操作，実験などの活動を通して学習する。図形の計量についても，計算方法（公式）を導くためだけではなく，図形の性質や関係について理解する一つの側面として位置付けられていることを意識することが大切である。

　評価場面1では，立方体の見取図を取り上げ，長さが等しくないようにみえる2つの線分について，論理的に考察し正しく判断できるかを見取る。

　評価場面2では，球とでこぼこした石の体積を比較する文脈を通して，空間図形の性質等を，具体的な場面で活用することができるかを見取る。

単元の評価規準

知識・技能	思考・判断・表現	主体的に学習に取り組む態度
❶ 空間における直線や平面の位置関係を知っている。 ❷ 回転体の意味を理解している。 ❸ 見取図，展開図，投影図の意味を理解している。 ❹ 扇形の弧の長さと面積，基本的な柱体や錐体，球の表面積と体積を求めることができる。	❶ 空間図形を直線や平面図形の運動によって構成されるものと捉えることができる。 ❷ 空間図形を平面上に表現して平面上の表現から空間の性質を見いだしたりすることができる。 ❸ 立体図形の体積や表面積の求め方を考察し表現することができる。	❶ 空間図形の性質や関係を捉えることのよさを実感して粘り強く考えようとしている。 ❷ 空間図形について学んだことを生活や学習に生かそうとしている。 ❸ 空間図形の性質を活用した問題解決の場面を振り返って検討しようとしている。

指導と評価の計画

次	学習の流れ （◎）学習内容　（・）学習活動	おもな評価規準 ●：記録に残す評価 ○：記録に残さない評価
1	◎ **空間における直線や平面の位置関係**（第1～4時） ・直線や平面図形の運動によって，どのような空間図形が構成されるか理解する。 ・柱体，錐体，球などの空間図形を，直線や平面図形の運動によって構成されているとみる。	知① 思① 主① 知②
2	◎ **空間図形を平面上に表現し，性質を見いだすこと**（第5～9時） ・見取図の意味を理解する。【評価場面❶】 ・見取図，展開図，投影図を用いて，空間図形の性質を見いだす。	 知③ 思②
3	◎ **扇形の弧の長さと面積**（第10, 11時） ・扇形について，同一の円の弧の長さと面積がその中心角の大きさに比例することを理解し，扇形の弧の長さと面積を求める。 ◎ **立体図形の表面積や体積の求め方を考察し表現すること**（第12～16時） ・実験などをもとにして，柱体，錐体，球の表面積と体積の求め方を考える。 ・空間図形の性質等を，具体的な場面で活用する。【評価場面❷】	 知④ 知❹ 主❶ 思❸ 主❷❸
テスト	・図形の構成要素に着目した立体の特徴や，計量に関することを選択式で出題して評価したり，立体の体積や表面積の求積について短答式で出題して評価したりする。（知❶❷❸❹ 思❶❷❸） ・いろいろな空間図形の体積の求め方などについて記述式で出題して評価する。	

見取図の意味を理解する

評価規準

知識・技能	思考・判断・表現	主体的に学習に取り組む態度
③ 見取図，展開図，投影図の意味を理解している。		

授業づくり（形成的な評価）のポイント

　具体的な空間図形の性質を理解するために，その図形の必要な部分を見取図や展開図，投影図として平面上に表現して捉えたり，平面上の表現からその図形の性質を見いだしたりする活動を行う。見取図や展開図については，小学校算数科でも扱ってきているが，空間図形を平面上に表したときに，もとの空間図形の性質が保存されないことがあることをあらためて理解できるようにしたい。

　生徒は，見取図などの見た目から直観的に線分の長さなどを判断をしてしまうことがある。見取図や展開図，投影図を目的に応じて相互に関連付けながら，失われてしまう情報を補って論理的に考察し，正しく判断できるようにすることが大切である。また，見取図や展開図等は，本単元の学習だけでなく，第3学年の三平方の定理など，図形の計量でよく用いられるものなので，後の学習の基盤としてしっかり見取り，指導に生かしたい。

生徒のつまずきを明らかにする確認問題

　授業の導入で，見取図や展開図，投影図について確認した後，以下の問題を提示し，生徒のつまずきを表出させる。

　「立方体の見取図なので，2つの線分は，合同な正方形の対角線で，長さは等しい」のように，論理的に考察して正しく判断できるようにしたい。

評価問題例

　右の図は，立方体の見取図です。この立方体の面 ABCD 上の線分 BD と面 AEFB 上の線分 BE の長さを比べます。線分 BD と線分 BE の長さについて，下のアからエまでの中から正しいものを1つ選び，その理由を説明しなさい。

　　ア　線分 BD の方が長い。
　　イ　線分 BE の方が長い。
　　ウ　線分 BD と線分 BE の長さは等しい。
　　エ　どちらが長いかは，問題の条件だけでは決まらない。

B評価の生徒のすがた

解答例

ウ

理由:立方体の見取図なので，2つの線分は，どちらも合同な正方形の対角線で，長さは等しい。

評価（判断）の理由

・「ウ」を選択し，立方体の見取図であることを踏まえて理由を記述していれば，B評価とする。

Cの学習状況に対する指導・支援の手だて

・ここでは，誤答である「イ」や「エ」を選択する生徒がいると思われるので，立方体の模型を観察したり見取図で表された立方体の展開図や投影図をかいたりする活動を通して，それぞれの線分が見取図や投影図，模型のどこに対応するのか，等しい線分や角の大きさなど，空間図形の性質が保存されることと保存されないことなどを整理し，相互に関連付けながら考察する活動を取り入れる。

・「イ」を選択した生徒は，見取図の見た目で判断していると考えられる。このような生徒には，立方体の模型とひもを配布して，線分の関係等について観察する活動を取り入れる。

・線分の長さの関係に着目して，展開図に表して見取図と比較したり，模型から立方体の面が正方形になることを確かめたりして，論理的に考察できるように支援する。

学びを深めるゴール問題

　授業の終末では，先ほどの問題を再度取り上げ，生徒の学習状況の変容を確認する。さらに，以下の問題で生徒の状況を見取る。

評価問題例

　この立方体の見取図で，BD＝BE の他にいえる線分や角の関係について述べなさい。

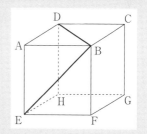

A評価の生徒のすがた

解答例

・DE も同様であり，BD＝BE＝DEなので，△DBEは正三角形である。

評価（判断）の理由

・立方体の見取図から他にわかることを説明していれば，A評価とする。

留意点 本問題や類似問題を，定期テストや単元末テストでたびたび出題することで，生徒にとってリベンジできる機会とし，総括的な評価問題とすることも考えられる。

空間図形の性質等を，具体的な場面で活用する

本時の評価規準

知識・技能	思考・判断・表現	主体的に学習に取り組む態度
	❸ 立体図形の体積や表面積の求め方を考察し表現することができる。	

学びを深めるゴール問題

　本時の導入では，球とでこぼこした石のどちらが大きいか，2つの体積を水面の高さの変化で比較する問題で，まずは石の体積について考察する。

　（1）では，「でこぼこした石の体積を，水の体積に置きかえて考える」問題で，図1と図2を比べて，水面の高さが1cm高くなったことを読み取って石の体積を求める活動を行う。(2) では，半径3cmの球を入れたときの水の高さが，石を入れたときより高くなるか低くなるかを調べるために，問題解決の見通しをもち，球の体積を求める必要性に気付いたり，求めた球の体積を問題に即して解釈したりする問題で生徒の状況を確認する。

評価問題例

あけみさんとひろしさんは，球と同じくらいの大きさの石を拾ってきました。
球と石のどちらが大きいか比べる方法について，次のように話しています。

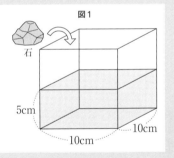

あけみ：球の体積の求め方はわかるけれど，でこぼこした石の体積はどのように求めればよいのかな？

ひろし：例えば，水を使って求める方法があるよ。
　　　　図1のように，水を入れた直方体の水そうに，石を入れると水面が上がるよ。これを使って，この石の体積が求められるね。

あけみ：ということは，水の高さが何cmになるかで比べれば，高いほうの体積が大きいとわかるね。

　このとき，次の問いに答えなさい。

(1) 図1の水そうに，ある石を入れたら，図2のように，水の高さが6cmになりました。このとき，水そうの中に入れた石の体積を求めなさい。

(2) 図2の水そうから，石を取り除き，次に，同じ水そうに半径3cmの球を入れます。この球を水そうに入れると，水の高さは6cmより高くなりますか。結果を予想し，次のアからウまでの中から1つ選びなさい。また，その理由を説明しなさい。ただし，円周率は3.14とします。

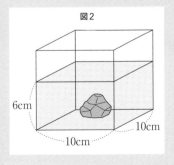

> ア　半径3cmの球を入れると，水の高さは6cmより高くなる。
>
> イ　半径3cmの球を入れると，水の高さは6cmより低くなる。
>
> ウ　半径3cmの球を入れると，水の高さは6cmになる。

B評価の生徒のすがた

解答例

(1) わからない

(2) ア

理由：半径3cmの球の体積は，

$$\frac{4}{3} \times 3.14 \times 3^3$$

＝113.04（cm³）になる。

このとき，水そうの水の高さは，

5＋113.04÷100

＝6.1304（cm）となる。

よって，半径3cmの球を入れると，水の高さは6cmより高くなる。

評価（判断）の理由

・(1)の解答状況にかかわらず，(2)で「ア」を選択し，球の体積を求めて，さらに，水の高さを求めていればB評価とする（記述の表現不十分も許容する）。

A評価の生徒のすがた

解答例

(1) 100cm³

(2) ア

理由：半径3cmの球の体積は，

$$\frac{4}{3} \times 3.14 \times 3^3$$

＝113.04（cm³）になる。

石の体積100cm³より，球の体積のほうが大きいから，石のときより水は高くなる。

よって，半径3cmの球を入れると，水の高さは，6cmよりも高くなる。

評価（判断）の理由

・(1)で石の体積を「100cm³」と求め，(2)で水の高さは求めずに「体積は球のほうが石より大きいから，水の高さも球のほうが石のときより高くなる」と論理的に考えて結論を導いていればA評価とする。

Cの学習状況に対する指導・支援の手だて

・(2)では，問題解決の見通しをもち，球の体積を求め，それを用いて水の高さを求める過程で，生徒それぞれのつまずきに応じて，問題解決の見通しについて話し合ったり，球の体積の公式や水の高さの求め方を確認したりする。

・「球の体積が，(1)で求めた石の体積100cm³より大きいならば，水の高さは6cmより高くなる」などと論理的に考えれば，球を入れたときの水の高さを求めなくても，結論を導けることを確認する。

留意点 問題解決の見通しや球の体積の公式，水の高さの求め方などについて話し合う活動を取り入れることで，主体的に学習に取り組む態度の観点で「空間図形について学んだことを生活や学習に生かそうとしている」や「空間図形の性質を活用した問題解決の場面を振り返って検討しようとしている」についてあわせて評価することも考えられる。

比例，反比例

単元の学習目標 表，式，グラフを相互に関連付けて，比例，反比例における2つの数量の変化や
対応の特徴を理解し，表，式，グラフで表現できるようになろう

単元でめざす生徒の成長のイメージ

単元の導入

比例の意味はなんとなくわかるけれど，表やグラフや式になると，
わけがわからないよ。

単元学習後

具体的な事象の中に，比例，反比例の関係を見いだせるようになっ
た。

評価のポイントとなる2場面と指導の手だて

　比例や反比例は，小学校算数科でも扱っているにもかかわらず，苦手意識をもつ生徒が多い。関
数的な見方・考え方が豊かになるよう，授業改善していきたい。

　関数が得意な生徒にとっては，式，表を相互に関連付けて考えることはとても自然なことで，お
そらく，式を使って問題を解くときも，頭の中に表やグラフのイメージがわいているのではないか
と考えられる。しかし，この式，表，グラフの関連こそが，関数の苦手意識の一因でもある。常に
3つを関連付けて考える関数の見方・考え方が豊かに働くように指導改善に努めるようにしたい。

　評価場面1は，比例や反比例のグラフの学習に先立って，座標の意味を理解しているかを選択式
で問い，生徒の達成状況をみる授業である。2つの数の組によって座標上に点が表現されること，
グラフは点の集合として表現されることを理解しているかを見取る。

　評価場面2は，比例や反比例を具体的な場面で活用する。問題に示された3つの数量から，2つ
の数量の関係に着目し，表の中の空欄にあてはまる数値を求め，その際に用いた関数関係の特徴を
記述する授業である。これを本時の記録に残す評価とする。

単元の評価規準

知識・技能	思考・判断・表現	主体的に学習に取り組む態度
❶ 関数関係の意味を理解している。 ❷ 変数と変域の意味を理解している。 ❸ 比例，反比例について理解している。 ❹ 座標の意味を理解している。 ❺ 比例，反比例を表，式，グラフなどに表すことができる。	❶ 比例，反比例として捉えられる2つの数量について，表，式，グラフなどを用いて調べ，それらの変化や対応の特徴を見いだすことができる。 ❷ 比例，反比例を用いて具体的な事象を捉え，考察し表現することができる。	❶ 比例，反比例のよさに気づいて粘り強く考えようとしている。 ❷ 比例，反比例について学んだことを生活や学習に生かそうとしている。 ❸ 比例，反比例を活用した問題解決の場面を振り返って検討しようとしている。

指導と評価の計画

次	学習の流れ （◎）学習内容　　（・）学習活動	おもな評価規準 ●：記録に残す評価 ○：記録に残さない評価
1	◎　比例関係の意味（第1～3時） ・具体的な事象の中にある2つの数量の関係を表した表やグラフなどをもとにして，変化や対応の様子を捉える。 ・関数関係や，変数と変域の意味を理解する。	知①②　主❶
2	◎　比例，反比例の関係（第4, 5時） ・具体的な事象の中にある2つの数量の関係を，変化や対応の様子に着目して調べ，比例，反比例の関係として捉えられる2つの数量を見いだす。 ・比例，反比例の関係を表す式に数を代入し，対応する値を求める。	知③
3	◎　比例，反比例の特徴（第6～18時） ・平面上の点を座標を用いて表したり，座標をもとにして平面上に点をとったりする。【評価場面❶】 ・比例，反比例の関係を，表，式，グラフなどを用いて調べ，その特徴を見いだす。 ・比例，反比例の特徴を理解する。	知④ 思① 知❺
4	◎　比例，反比例の活用（第19～22時） ・比例，反比例を用いて具体的な事象を捉え考察し表現する。【評価場面❷】 ・具体的な事象から取り出した2つの数量の関係を，理想化したり単純化したりして比例，反比例とみなし，変化や対応の様子を調べたり，予測したりする。	思❷　主❷❸ 思②　主②
テスト	・式，表，グラフの関連を選択式で出題し，意味理解の状況を評価したり，関数の特徴について記述式で出題したりする。活用問題では，思考力，判断力，表現力等の状況を評価したりする。（知❶❷❸❹❺ 思❶❷）	

平面上の点を座標を用いて表したり，座標をもとにして平面上に点をとったりする

評価規準

知識・技能	思考・判断・表現	主体的に学習に取り組む態度
④　座標の意味を理解している。		

授業づくり（形成的な評価）のポイント

　平面上にある点の位置は，一般に，交わる2本の数直線を軸として，その点に2つの数の組を対応させることによって表現できる。中学校数学科では，まず，座標の意味として，原点Oで直交した2本の数直線によって平面上の点が一意的に表されることを理解できるようにする。そのうえで座標を用いることによって，グラフを点の集合として表せるようにすることが大切である。

　「平成30年度全国学力・学習状況調査中学校数学」A⑩において，点（2，−3）を座標平面上にとる問題では，平均正答率が約70％にとどまった。誤答した約30％の生徒は，以後の関数のグラフの学習でも何らかのつまずきを抱える可能性が高い。「座標軸」や「原点」などの用語を指導する前に，座標の意味について生徒の達成状況を丁寧に確認するようにしたい。

生徒のつまずきを明らかにする確認問題

　はじめに，小学校算数科で習った座標の意味につながる平面上や空間にあるものの位置の表し方や，第1学年の正の数と負の数の学習で習った1本の数直線上の点を表すことを復習したい。

　具体的には，図1のように，正の数と負の数の学習を振り返り，数直線上の点の位置について確認することが考えられる。その後，図2のように，点の位置を平面上にして，「点Bや点Cの位置をどのように表すか」について考え，2本の数直線を組み合わせればよいことを見いだせるようにする。

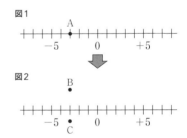

図1

図2

　次に以下のような評価問題を取り上げ，生徒の学習状況を見取る。

評価問題例

　右の図のような平面上で，点Pの位置を表すことについて，次のアからエまでの中から正しいものを1つ選びなさい。

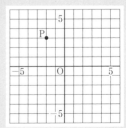

ア　平面上の点Pの位置は，1本の数直線を用いただけでは表せないが，2本の数直線を組み合わせて用いると表すことができる。

イ　平面上の点Pの位置は，1本の数直線を用いただけで表すことができる。

ウ　平面上の点Pの位置は，1本の数直線を用いても表すことができるし，2本の数直線を組み合わせて用いても表すことができる。

エ　平面上の点Pの位置は，1本の数直線を用いても，2本の数直線を組み合わせて用いても表すことができない。

B評価の生徒のすがた

解答例

ア

評価（判断）の理由

・「ア」を選択していればB評価とする。

Cの学習状況に対する指導・支援の手だて

・本問題のように選択肢が文章の場合には，単なる読み取りの誤り，座標の意味，正の数と負の数の理解など，さまざまなつまずきの要因が考えられるので，つまずきに応じた指導や復習を行う。

・図1や図2を再度想起させて，座標の必要性を確認するとともに，その後の比例や反比例のグラフの学習を通して生徒の状況を確認し，その変容を見取る。

学びを深めるゴール問題

　小学校算数科第4学年において，空間の中にあるものの位置を表すには，横，縦，高さの3つの要素が必要になることを学習したことを踏まえ，本時の学習を振り返り，以下のような評価問題を取り入れ，一次元から二次元への拡張から，三次元における座標の考え方へと発展的に考察し，高校数学へのつながりを感じられるようにする。

　数量の関係を座標を用いてグラフに表す際には，2つの数の組を用いて平面上に位置を表すという座標の概念に基づいた，中学校レベルでの意味理解の状況をしっかり見取ることが大切である。

評価問題例

　平面上の点の位置を表すには，2本の数直線を組み合わせればよいことがわかった。
では，空間上の点の位置を表すには，どう考えればよいか。

A評価の生徒のすがた

解答例

・空間にあるものの位置を表すとき，横，縦，高さが必要だったから，空間にある点の位置は，3本の数直線を組み合わせて用いると表すことができるのではないか。

評価（判断）の理由

・空間にある点の位置の表し方について発展的に考え，そのことを説明していればA評価とする。

比例，反比例を用いて具体的な事象を捉え考察し表現する

本時の評価規準

知識・技能	思考・判断・表現	主体的に学習に取り組む態度
	❷ 比例，反比例を用いて具体的な事象を捉え，考察し表現することができる。	

学びを深めるゴール問題

　授業の導入から活用問題に取り組んだ後，以下の問題を提示し，学校にある視力検査のランドルト環を取り上げ，3つの数量の表を提示する。

　比例，反比例の活用問題では，2つの数量やどの関数関係を活用して考えるかまで整えられた問題設定になっていることがある。しかし，ここでは生徒がどの2つの数量に着目して考えるか，比例と反比例のどちらの関数関係を使って考えるかなどについて選択し，主体的に学習に取り組めるような問題で生徒の状況を見取る。

　なお，この問題は，2つの数量を取り出すことや，求答と記述を組み合わせることで，記述問題に苦手意識のある生徒でも取り組みやすい問題となっている。

評価問題例

なおとさんは，視力検査で使った表を見て，先生と次のような会話をしました。

なおと：視力検査でこの表を使っていますが，この「C」の大きさには何かきまりがありますか。

先　生：これは，「ランドルト環」といいますが，視力とランドルト環の直径，すき間の幅にはきまりがあります。

なおと：下にいくほど，ランドルト環が小さくなって見えにくいですね。
　　　　視力とランドルト環の直径，すき間の幅にはどんな関係があるのか調べてもよいですか？

**　なおとさんは，このランドルト環の直径とすき間の幅を測り，その結果を表にまとめました。**

表

視力	0.1	0.5	1.0	1.5
直径（mm）	75	15	ア	5
すき間のはば（mm）	15	3	1.5	1

表のアにあてはまる数を答えなさい。また，そのときに使ったきまりを説明しなさい。

B評価の生徒のすがた

解答例

・7.5

理由:ランドルト環の直径は,すき間の幅に比例しているから,ランドルト環のすき間の幅を5倍すると,直径になる。

評価(判断)の理由

・「7.5」を求め,2つの数量の比例または反比例の関係に着目して理由を記述していればB評価とする(表現不十分を許容する)。

A評価の生徒のすがた

解答例

・7.5

理由:ランドルト環の直径は,すき間の幅に比例しているから,ランドルト環のすき間の幅を5倍すると,直径になる。2つの数量の取り出し方によって,比例になったり反比例になったりする。
　　　視力とすき間の幅なら,その積は1.5で一定だから,反比例で説明できる。

評価(判断)の理由

・「7.5」を求め,理由を説明する際に,2つの考え方について記述するなどしていればA評価とする。

Cの学習状況に対する指導・支援の手だて

・表のアにあてはまる数を「7.5」と正しく求められているのに,理由の記述が無解答だったり誤りがあったりする場合がある。その際,正答例のような記述をいきなりめざすのではなく,数学的な表現に慣れ,段階的に表現を洗練されたものにしていく活動を取り入れることが考えられる。

・具体的な活動として,まずは「7.5」を求めるための計算式を書き,「1.5×5」であれば,「1.5」が何で,「5」が何を表しているのか話し合いで確認する。それにより,問題の表をみながら,「直径は,すき間の幅の5倍になる」と考えたのか,「すき間の幅が1.5倍になると,直径も1.5倍になる」と考えたのかなどを整理し,徐々に解答文に書き足していく活動を取り入れる。

留意点　比例や反比例のどのような特徴をもとにして考えるか,どの数量に着目して考えるかなどについて話し合う活動を取り入れることで,主体的に学習に取り組む態度の観点で「比例,反比例について学んだことを生活や学習に生かそうとしている」についてあわせて評価することも考えられる。

データの分布

単元の学習目標　ヒストグラムや相対度数で表すことなどの必要性と意味を理解し，収集したデータの傾向を読み取り，考察できるようになろう

単元でめざす生徒の成長のイメージ

単元の導入

調査対象の総数が異なるデータを比較するのは無理なんじゃないかな。

単元学習後

収集したデータから傾向を読み取って考察できるようになった。ヒストグラムは，他の教科で発表するときにも使えそうだ！

評価のポイントとなる2場面と指導の手だて

　データの分布の傾向を読み取り，その特徴を説明する場面を設定しても，生徒がどのように表現していいのかわからなかったり，表現が不十分なために学習が深まらなかったりすることがある。これは，生徒にとって，代表値や相対度数などが使えるレベルの知識・技能になっていないことが原因だと考えられる。

　そこで，統計的な問題解決の方法を生徒が複数回経験できるような単元構成を設計する。単元の前半では，知識・技能を使いながら，生徒がこの方法を獲得できるようにしたい。また，単元の後半では日常生活を題材とした問題を取り上げ，生徒が自ら統計的な問題解決の方法を実践できる学習活動を設定する。

　評価場面1では，相対度数や累積相対度数の必要性と意味について，階級の度数を直接比較できない総度数の異なる2つの資料から，累積相対度数を用いて考察する必要性のある課題を用いて理解状況を見取り，形成的評価につなげる。

　評価場面2では，平成25年度全国学力・学習状況調査数学B⑤「みんなが美しいと思う長方形に特徴があるのか考えよう」を取り上げ，授業で実際に目的に応じてデータを収集して分析し，そのデータの傾向を的確に捉え，事象の特徴を数学的に説明する。この場面での生徒の記述をもとに総括的評価を行う。

単元の評価規準

知識・技能	思考・判断・表現	主体的に学習に取り組む態度
❶ ヒストグラムや相対度数などの必要性と意味を理解している。 ❷ 代表値や範囲の必要性と意味を理解している。 ❸ コンピュータなどの情報手段を用いるなどしてデータを表やグラフに整理することができる。	❶ 目的に応じてデータを収集して分析し，そのデータの分布の傾向を読み取り，批判的に考察し判断することができる。	❶ ヒストグラムや相対度数の必要性や意味を考えようとしている。 ❷ ヒストグラムや相対度数について学んだことを生活や学習に生かそうとしている。 ❸ ヒストグラムや相対度数を活用した問題解決の過程を振り返って検討したり，多面的に捉え考えようとしたりしている。

指導と評価の計画

次	学習の流れ （◎）学習内容　　（・）学習活動	おもな評価規準 ●：記録に残す評価 ○：記録に残さない評価
1	◎　ヒストグラムの必要性と意味（第1〜3時） ・サッカーチームの選手のデータを度数分布表やヒストグラムに表し，分布の傾向や特徴を読み取り，説明する。 ・代表値や範囲を用いて分布の特徴や傾向を読み取り，説明する。 ◎　相対度数などの必要性と意味（第4，5時） ・総度数が異なる2つのデータを比較する方法について考える。【評価場面❶】 ・度数分布多角形から2つの資料の分布について特徴を捉え，説明する。	知①③ 知② 知① 知❸　思①　主❶
2	◎　データの分布の傾向を読み取り，批判的に考察し判断すること（第6〜7時） ・データの分布の傾向を読み取り，批判的に考察し判断する。【評価場面❷】	 思❶　主❷❸
テスト	・代表値や相対度数などの必要性と意味について選択式で出題して評価したり，代表値や相対度数，範囲などを求めることについて短答式で出題して評価したりする。（知❶❷） ・日常生活を題材とした問題を取り上げ，統計的問題解決の過程で必要となる知識・技能やデータの分布の傾向を読み取り，批判的に考察し判断するといった思考・判断・表現について評価する。（知❶❷　思❶） ・評価場面❷のように授業場面を踏まえて，データの分布の傾向を読み取り，批判的に考察し判断することについて記述式で出題し，授業と評価場面が一体となるような問題を出題し，評価する。（思❶）	

総度数が異なる2つのデータを比較する方法について考える

評価規準

知識・技能	思考・判断・表現	主体的に学習に取り組む態度
① ヒストグラムや相対度数などの必要性と意味を理解している。		

授業づくり（形成的な評価）のポイント

　大きさの異なる2つ以上の集団のデータの傾向を比較する場合，度数分布表の各階級の度数で単純には比べることができない。このような場合に相対度数を用いたり，累積相対度数を用いたりすると比較しやすくなることを理解できるようにする。

　学習指導にあたっては，教科書等に書かれている日常生活の場面を取り上げ，階級の度数を直接比較することが妥当かどうかを話し合う活動を取り入れ，相対度数や累積相対度数を用いる必要性について生徒が実感を伴って理解できるようにすることが大切である。

　また，次の単元の「不確定な事象の起こりやすさ」の学習を見通して，相対度数を求める計算だけでなく，相対度数を求める式について考えたり，求めた結果について事象と関連付けて考察したりすることも大切にしたい。

生徒のつまずきを明らかにする確認問題

　授業の導入で以下の問題を提示し，大きさの異なる2つ以上の集団のデータの傾向を比較する方法について考える。

評価問題例

　遊園地のアトラクションについて，ジェットコースターとゴーカートの待ち時間を調査しました。右の度数分布表は，その結果をまとめたものです。
この度数分布表をもとに，全体の人数に対する待ち時間が60分未満の人の割合は，ジェットコースターとゴーカートでどちらが小さいかを調べます。その方法について，下のアからオまでの中に正しいものが1つあります。それを選び，選んだ理由を説明しなさい。

階級（分）	ジェットコースター 度数（人）	ゴーカート 度数（人）
以上　未満		
0 〜 15	3	1
15 〜 30	7	2
30 〜 45	14	5
45 〜 60	16	7
60 〜 75	27	19
75 〜 90	18	14
90 〜 105	13	10
105 〜 120	2	2
合計	100	60

　ア　待ち時間が45分以上60分未満の階級について，ジェットコースターとゴーカートの度数の合計を求め，その大小を比較する。

　イ　待ち時間が45分以上60分未満の階級について，ジェットコースターとゴーカートの相対度数を求め，その大小を比較する。

ウ　待ち時間が 60 分未満の階級について，ジェットコースターとゴーカートの累積度数の合計を求め，その大小を比較する。

エ　待ち時間が 60 分未満の階級について，ジェットコースターとゴーカートの累積相対度数を求め，その大小を比較する。

オ　ジェットコースターとゴーカートでは，人数が違うので，比較することはできない。

B評価の生徒のすがた

解答例

・エ

理由：ジェットコースターとゴーカートの度数の合計が異なるから，累積相対度数を求めて，その大小を比較しなければいけないから。

評価（判断）の理由

・「エ」を選択し，ジェットコースターとゴーカートの度数の合計が異なることを記述していればB評価とする（表現不十分を許容する）。

Cの学習状況に対する指導・支援の手だて

・相対度数を（総度数）÷（階級の度数）のように計算をする生徒には，計算だけではなく，相対度数を求めるには何を何でわればよいかを考えることや，相対度数の合計が1をこえないことを理解することについても留意して指導する。

学びを深めるゴール問題

　授業の終末では，再度「生徒のつまずきを明らかにする確認問題」を出題し，生徒の理解状況を確認する。さらに，問題に即して調べた結果を説明する以下の問題で，生徒の状況を見取る。

　相対度数や累積相対度数を求める際には，複雑な計算結果になるものは，電卓を使用するなどして，求め方やその解釈などを重視する。

評価問題例

　この遊園地では，ジェットコースターとゴーカートでどちらが混雑しているといえるか。全体の人数に対する待ち時間が 60 分未満の人の割合を調べて答えなさい。

A評価の生徒のすがた

解答例

・待ち時間が60分未満の累積相対度数は，ジェットコースターが0.40，ゴーカートが0.25で，待ち時間が60分未満の人の割合は，ジェットコースターのほうが大きいから，ジェットコースターのほうが混雑している。

評価（判断）の理由

・ジェットコースターとゴーカートの累積相対度数を求めて比較し，調べた結果を説明していればA評価とする。

データの分布の傾向を読み取り，批判的に考察し判断する

本時の評価規準

知識・技能	思考・判断・表現	主体的に学習に取り組む態度
	❶ 目的に応じてデータを収集して分析し，そのデータの分布の傾向を読み取り，批判的に考察し判断することができる。	

生徒のつまずきを明らかにする確認問題

　実生活の場面では，目的に応じてデータを収集して整理し情報を適切に読み取ったりして，事象の特徴を捉えることが大切である。そこで，以下の全国学力・学習状況調査の問題を参考に，生徒には前時までに長さ5cmの線分がかかれたアンケート用紙を配り，それを1辺とする長方形をかいてもらう。それをもとにして，生徒のアンケート結果を使って問題を作成するようにする。

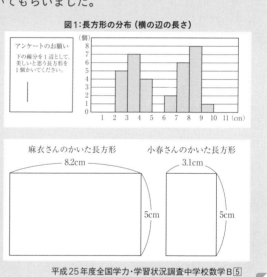

　麻衣さんと小春さんは，学級の生徒がどのような長方形を美しいと思うかを調べることにしました。そこで，下のような，長さ5cmの線分がかかれたアンケート用紙を学級の生徒33人に配り，それを1辺とする長方形をかいてもらいました。

　図1は，集計した結果をまとめたものです。このヒストグラムから，例えば，横の辺の長さが2cm以上3cm未満である長方形が5個かかれていたことがわかります。

　麻衣さんのかいた長方形は，横の辺の長さが8.2cmで，図1では8cm以上9cm未満の階級に含まれています。また，小春さんのかいた長方形の横の辺の長さは3.1cmでした。図1で，小春さんのかいた長方形が含まれる階級を書きなさい。

平成25年度全国学力・学習状況調査中学校数学B⑤

　次の問題では，図1の分布が2つの山になったことに着目させて，「2種類の長方形があるのでは？」「縦長の長方形と横長の長方形か？」などと，生徒が統計的な問題解決の方法により主体的に取り組めるように学習活動を工夫する。そのうえで，次の問題を提示する。

評価問題例

　麻衣さんは，小春さんの長方形を横にしてみると，自分の長方形と同じ形に見えると思いました。

　そこで，集計したすべての長方形について，長い辺の長さが短い辺の長さの何倍かを求めて，図2のヒストグラムにまとめ直しました。

　このようにまとめ直すと，学級の生徒が美しいと思う長方形について，新たにどのようなことがわかりますか。わかることを，図2のヒストグラムの特徴をもとに説明しなさい。

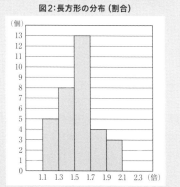

図2：長方形の分布（割合）

平成25年度全国学力・学習状況調査中学校数学B[5]

B評価の生徒のすがた

解答例

　図2のヒストグラムでは，1.5倍以上1.7倍未満の階級の度数がすべての階級の中で最も大きく，しかもその度数が飛び抜けているため，学級の多くの生徒が美しいと思う長方形は，長い辺の長さが短い辺の長さの1.5倍以上1.7倍未満のものであることがわかる。

評価（判断）の理由

・図2のヒストグラムの分布，または最頻値に着目して，その特徴を説明していればB評価とする（主部（前提あるいは根拠となっている部分）の記述が不十分であるものも許容する）。

Cの学習状況に対する指導・支援の手だて

・どのようにすればデータの特徴を説明できるかを話し合う。例えば，「みんなが美しいと思う長方形は，短い辺の長さに対する長い辺の長さの割合が1.5倍以上1.7倍未満である」という生徒の記述に対して，他の生徒が「1.5倍以上1.7倍未満のところに全部入っているみたいな書き方だから，正確に説明するために一番多いという表現を加えたらいい」などというやりとりが考えられる。また，このような活動の時間を十分に確保するために，ICTを用いてヒストグラムの作成の時間を短縮することなどが考えられる。

・資料からわかった事柄を数学的に説明できるようになるために，前提にあたる部分（主部）と，それによって説明される結論にあたる部分（述部）を明確にして「○○は，△△である」のように表現できるように，不十分な記述について話し合い活動を通して修正できるようにする。

学びを深めるゴール問題

　その後の学習活動で学級のアンケート結果とともに以下の問題を出題し，生徒の状況を見取る。

評価問題例

階級の幅を変えるなどして，自分でさらに調べて，新たにわかることを説明しなさい。

A評価の生徒のすがた

解答例

　階級の幅を変えて，右の図のようにヒストグラムをつくると，2つの山ができていて，1.4倍以上1.5倍未満の階級の度数と1.6倍以上1.7倍未満の階級の度数が大きいことがわかる。　参考：平成25年度全国学力・学習状況調査解説資料

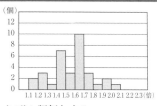

評価（判断）の理由

・ヒストグラムの幅を変えて調べ，ヒストグラムから新たな特徴を説明していればA評価とする。

不確定な事象の起こりやすさ

単元の学習目標 確率の必要性と意味を理解し，実験やデータから不確定な事象の起こりやすさの傾向を読み取り，表現できるようになろう

単元でめざす生徒の成長のイメージ

単元の導入

よく「降水確率」という言葉を聞くけれど，そもそも「確率」ってなんだろう。

単元学習後

不確定な事象についても，多数回の結果があれば，その起こりやすさについて説明できそうだ。

評価のポイントとなる2場面と指導の手だて

　小学校算数科では，具体的な事柄が起こりうる場合について調べる活動をしてきているが，中学校第1学年では，日常生活や社会の不確定な事象を考察の対象として，相対度数を確率とみなして起こりやすさを判断する。

　授業を行うなかで，相対度数を用いて確率を表現することを苦手とする生徒や，「サイコロを6回投げたら，1の目が必ず1回出る」のように確率の意味を正しく理解できない生徒が出てくることが予想される。相対度数が不確定な事象の起こりやすさの程度を表すために用いられることを知り，不確定な事象の起こりやすさの傾向を読み取り表現できるようになるためには，実際に多数回の試行や観察を通して考察する活動が必要となる。その際，結果の収集やグラフの作成を行う時間を短縮するためにはICTを適宜活用したい。また，第1学年における統計的確率と第2学年の数学的確率とのつながりを意識した単元構成にすることで学習の見通しをもてるようにする。例えば，第2学年で扱う「くじ引きを先に引くか後に引くか」という題材を，ここでは統計的確率で求めることで，後の学習につなげられるようにすることが考えられる。

　評価場面1は，実際に多数回の試行をするなどの経験を通して，ある事柄の起こる相対度数が一定の値に近づくことを実感を伴って理解できるようにし，確率の必要性と意味を理解しているかについて選択式で見取る。

　評価場面2は，不確定な事象の起こりやすさについて，実験データをもとに考察する学習活動を行い，実験結果から相対度数を確率とみなして判断できたかどうかをワークシートの記述から見取り，記録に残す評価として扱う。

単元の評価規準

知識・技能	思考・判断・表現	主体的に学習に取り組む態度
❶ 多数の観察や多数回の試行によって得られる確率の必要性と意味を理解している。	❶ 多数の観察や多数回の試行の結果をもとにして，不確定な事象の起こりやすさの傾向を読み取り表現することができる。	❶ 多数の観察や多数回の試行によって得られる確率のよさに気付いて粘り強く考えようとしている。 ❷ 不確定な事象の起こりやすさについて学んだことを生活や学習に生かそうとしている。 ❸ 多数の観察や多数回の試行によって得られる確率を活用した問題解決の過程を振り返って検討しようとしている。

指導と評価の計画

次	学習の流れ （◎）学習内容　（・）学習活動	おもな評価規準 ●：記録に残す評価 ○：記録に残さない評価
1	◎ 多数の観察や多数回の試行によって得られる確率の必要性と意味（第1時） ・多数回の試行によって得られる確率の必要性と意味を理解する。【評価場面❶】 ・多数回の試行などを通して，事柄の起こす相対度数が，一定の値に近づくことを実感を伴って理解する。	 知① 主① 主❶
2	◎ 不確定な事象の起こりやすさの傾向を読み取り表現すること（第2, 3時） ・不確定な事象の起こりやすさの傾向を読み取り表現する。【評価場面❷】 ・新入生の靴を仕入れるために相対度数を確率とみなして不確定な事象について考察する。	 思❶ 主③ 思① 主❷❸
テスト	・単元の評価規準を踏まえ，多数の観察や多数回の試行によって得られる確率の意味などについて選択式で出題し，意味理解の状況を評価する。(知❶) ・多数の観察や多数回の試行の結果をもとにして，不確定な事象の起こりやすさの傾向などについて読み取ったことを説明する問題を出題し，思考力，判断力，表現力等の状況を評価する。(思❶)	

評価規準

	知識・技能	思考・判断・表現	主体的に学習に取り組む態度
①	多数の観察や多数回の試行によって得られる確率の必要性と意味を理解している。		

授業づくり（形成的な評価）のポイント

　「降水確率」などのように，生徒は日常で確率という言葉を耳にしたり使ったりしている。「1枚の硬貨を投げるとき，表が出る確率は？」と尋ねると，多くの生徒が「$\frac{1}{2}$」と答える。しかし，「$\frac{1}{2}$」の意味を「2回に1回は表が出るということ」「50%の確率で表が出ること」など，生徒によって解釈はさまざまである。そこで「必ず2回に1回は表が出るのか」と投げかけ，自分が確率として捉えている値がどのような根拠に基づいているのか問いをもたせたい。

　前の単元の「データの分布」において相対度数は，全体（総度数）に対する部分（各階級の度数）の割合を示す値で，各階級の頻度とみなされることを学習していることを踏まえて，相対度数を確率とみなして判断できるようにする。

生徒のつまずきを明らかにする確認問題

　授業の導入で，「1枚の硬貨を投げるとき，表と裏のどちらが出やすいか」を生徒に予想をさせた後，どのように調べればいいかについて「実際に調べてみること」や「実験回数」などを検討する。「実験は10回くらいでよい」などといった生徒の発言があれば取り上げ，意図的に試行回数が少ない実験を行い，多数回の試行の必要性に迫る。

　実験結果を振り返り，相対度数を用いて表すことで，多数回の試行によって得られる確率のよさに気付いて粘り強く考えようとする態度を育むとともに，ICTを活用して実験時間を短縮し，相対度数のグラフが変化する様子を観察し，一定の値に近付くことを，実感を伴って理解できるようにしたい。

　授業の終末では，以下のような評価問題を取り上げ，生徒の学習状況を見取る。

評価問題例

　表と裏の出方が同様に確からしい硬貨があります。この硬貨を投げる実験を多数回くり返し，表の出る相対度数を調べます。このとき，相対度数の変化のようすについて，下のアからエまでの中から正しいものを1つ選びなさい。

　　ア　硬貨を投げる回数が多くなるにつれて，表の出る相対度数のばらつきは小さくなり，その値は1に近づく。

　　イ　硬貨を投げる回数が多くなるにつれて，表の出る相対度数のばらつきは小さくなり，その値は0.5に近づく。

　　ウ　硬貨を投げる回数が多くなっても，表の出る相対度数のばらつきはなく，その値は0.5で一定である。

> エ　硬貨を投げる回数が多くなっても，表の出る相対度数の値は大きくなったり小さくなったりして，一定の値には近づかない。
>
> 平成30年度全国学力・学習状況調査中学校数学A⑮ (1)

B評価の生徒のすがた

解答例

・イ

評価（判断）の理由

・「イ」を選択していればB評価とする。

Cの学習状況に対する指導・支援の手だて

・相対度数自体を理解していない可能性があるので，求め方や全体を1とみたときの割合を表していることをあらためて説明するなど，前単元までの理解状況に応じた手立てが必要である。

・実験を重ね，表の出る相対度数を表す折れ線グラフがどのように変化するかを表現させたうえで，さらに実験を重ねると，その後どのようになりそうか考えさせる。このような活動により，相対度数の値がある一定の値に近づいていることを，実感を伴って理解できるようにする。

学びを深めるゴール問題

その後，以下のような問題で，生徒の状況をさらに見取る。

評価問題例

さゆりさんは，1つのビンの王冠を投げるとき，表向きと裏向きになるのはどちらが起こりやすいかについて実際に投げる実験をして調べています。

表　　　　裏

＜実験結果＞
10回投げたところ，4回が表向き，6回が裏向きでした。
さゆりさんは，実験結果から次のような予想を立てました。

> 表向きの相対度数が0.4，裏向きの相対度数が0.6だから裏向きのほうが起こりやすい。

さゆりさんの予想は正しいといえますか。さゆりさんの実験結果をもとに，説明しなさい。

A評価の生徒のすがた

解答例

・わずか10回の実験では，相対度数が一定になるとはいいきれないのでさゆりさんの予想は正しいとはいえない。多数回の試行を通して相対度数を求めればいい。

評価（判断）の理由

・多数回の試行を行う必要性について説明していればA評価とする。

留意点　同じ問題を定期テストや単元末テストにも再度取り上げ，生徒にとってリベンジできる機会とし，総括的な評価問題とすることも考えられる。

不確定な事象の起こりやすさの傾向を読み取り表現する

本時の評価規準

知識・技能	思考・判断・表現	主体的に学習に取り組む態度
	❶ 多数の観察や多数回の試行の結果をもとにして，不確定な事象の起こりやすさの傾向を読み取り表現することができる。	

生徒のつまずきを明らかにする確認問題

　偶然に左右される不確定な事象として「くじ引き」を取り上げる。授業の導入で以下の問題場面を提示し，くじを引く順番による当たりやすさの違いについて，「先に引いた方が当たりやすい」「後から引いた方が当たりやすい」「どちらも同じ」など，直観的に予想を立てる。そのうえで予想が正しいかどうかを調べるために実際にくじ引きを行う。実験の結果から，先に引いて当たる場合と，後に引いて当たる場合の相対度数を求め，多数回の試行を繰り返すときの相対度数がどのように変化するかを調べる。それをもとに，相対度数を確率とみなして，起こりやすさの傾向を表現する。「必ず〜になる」とは言い切れない事柄についても，数を用いて考察したり判断したりできることを理解し，数学と日常生活や社会との関係を実感できるようにしたい。

　この後，「問題の条件を変えても当たりやすさに違いはないか」など発展的に考え，ほかにも新たな問題を見いだすことが考えられる。生徒の疑問に従って自立的に説明し，レポートにまとめるなどの機会とすることも考えられる。

　くじ引きの公平性に関しては，第2学年で場合の数を使った確率を求める方法を学習するので，2年間を通して，統計的確率と数学的確率の両方の視点で不確定な事象を捉え考察することで，確率への理解が深まることが期待できる。

評価問題例

　5本のうち2本のあたりが入っているくじがあります。Aさんが先に1本引き，それを戻さずに，後からBさんが1本引きます。このとき，あたりやすさは公平であるかを調べるために，実験をしました。次の表は，2人のあたりを引いた回数と相対度数をまとめたものです。

実験回数	Aさんがあたりを引いた		Bさんがあたりを引いた	
	回数	相対度数	回数	相対度数
10	5	0.50	2	0.20
30	8	0.26	11	0.37
50	12	0.24	14	0.28
100	38	0.38	44	0.44
150	61	0.41	57	0.38
200	81	0.41	79	0.40
500	198	0.40	203	0.41

　この結果から，2人のあたりやすさは公平であるといえますか。下のア，イのどちらかを選び，表から読み取ったことをもとにして，選んだ理由を説明しなさい。

　　ア　2人のあたりやすさは公平である
　　イ　2人のあたりやすさは公平ではない

B評価の生徒のすがた

解答例

・ア

理由：250回実験をしたとき，それぞれがあたりを引く相対度数が，Aさんは0.40で，Bさんは0.41となり，ほぼ等しいから，2人のあたりやすさは公平である。

評価（判断）の理由

・「ア」を選択し，相対度数を求めて理由を記述していればB評価とする。

Cの学習状況に対する指導・支援の手だて

・「イ」を選んでいる生徒は，実験回数ごとにAとBの相対度数を比較し，公平かどうかを判断していることが考えられる。そこで，A，Bそれぞれで実験回数を重ねると相対度数がどのように変化しているかを話し合う活動を取り入れることで，大数の法則によって相対度数がある一定の値に近づくことを確かめる。

・「ア」を選び，理由を記述できない生徒や，無解答の生徒には，相対度数がまったく同じ値でなくても，ほぼ等しければ公平であるといってよいことを確かめたあと，理由を記述させる活動を行う。

・実験回数をさらに増やしたならば相対度数がどうなっていくかを考えることで，相対度数が一定の値に近付いていくと予想させることも有効な手だてである。

学びを深めるゴール問題

　授業の終末では，以下のようなレポート課題で生徒の学習状況を見取る。

評価問題例

　3本のうち1本のあたりが入っているくじでも，先にくじを引く人と後でくじを引く人で，2人のあたりやすさは公平なのか，調べてまとめよう。

A評価の生徒のすがた

解答例

・250回実験したとき，それぞれがあたりを引く相対度数は，Aさんが0.33で，Bさんが0.34となった。ほぼ等しいから，2人のあたりやすさは公平で，先に引いても後から引いても，くじのあたりやすさは変わらない。

評価（判断）の理由

・レポート課題で，自分の実験結果をもとに，相対度数を求めて，その根拠を記述していればA評価とする。

第**4**章

第2学年の評価プラン

- 「A数と式」(1) 文字を用いた式
- 「A数と式」(2) 連立二元一次方程式
- 「B図形」(1) 基本的な平面図形の性質
- 「B図形」(2) 図形の合同
- 「C関数」(1) 一次関数
- 「Dデータの活用」(1) データの分布
- 「Dデータの活用」(2) 不確定な事象の起こりやすさ

目 標

(1) 文字を用いた式と連立二元一次方程式，平面図形と数学的な推論，一次関数，データの分布と確率などについての基礎的な概念や原理・法則などを理解するとともに，事象を数学化したり，数学的に解釈したり，数学的に表現・処理したりする技能を身に付けるようにする。

(2) 文字を用いて数量の関係や法則などを考察する力，数学的な推論の過程に着目し，図形の性質や関係を論理的に考察し表現する力，関数関係に着目し，その特徴を表，式，グラフを相互に関連付けて考察する力，複数の集団のデータの分布に着目し，その傾向を比較して読み取り批判的に考察して判断したり，不確定な事象の起こりやすさについて考察したりする力を養う。

(3) 数学的活動の楽しさや数学のよさを実感して粘り強く考え，数学を生活や学習に生かそうとする態度，問題解決の過程を振り返って評価・改善しようとする態度，多様な考えを認め，よりよく問題解決しようとする態度を養う。

内 容

A　数と式

(1) 文字を用いた式について，数学的活動を通して，次の事項を身に付けることができるよう指導する。

　ア 次のような知識及び技能を身に付けること。

　　(ア) 簡単な整式の加法と減法及び単項式の乗法と除法の計算をすること。

　　(イ) 具体的な事象の中の数量の関係を文字を用いた式で表したり，式の意味を読み取ったりすること。

　　(ウ) 文字を用いた式で数量及び数量の関係を捉え説明できることを理解すること。

　　(エ) 目的に応じて，簡単な式を変形すること。

　イ 次のような思考力，判断力，表現力等を身に付けること。

　　(ア) 具体的な数の計算や既に学習した計算の方法と関連付けて，整式の加法と減法及び単項式の乗法と除法の計算の方法を考察し表現すること。

　　(イ) 文字を用いた式を具体的な場面で活用すること。

(2) 連立二元一次方程式について，数学的活動を通して，次の事項を身に付けることができるよう指導する。

　ア 次のような知識及び技能を身に付けること。

　　(ア) 二元一次方程式とその解の意味を理解すること。

　　(イ) 連立二元一次方程式の必要性と意味及びその解の意味を理解すること。

　　(ウ) 簡単な連立二元一次方程式を解くこと。

　イ 次のような思考力，判断力，表現力等を身に付けること。

　　(ア) 一元一次方程式と関連付けて，連立二元一次方程式を解く方法を考察し表現すること。

　　(イ) 連立二元一次方程式を具体的な場面で活用すること。

　〔用語・記号〕同類項

B　図 形

(1) 基本的な平面図形の性質について，数学的活動を通して，次の事項を身に付けることができるよう指導する。

　ア 次のような知識及び技能を身に付けること。

　　(ア) 平行線や角の性質を理解すること。

　　(イ) 多角形の角についての性質が見いだせることを知ること。

　イ 次のような思考力，判断力，表現力等を身に付けること。

　　(ア) 基本的な平面図形の性質を見いだし，平行線や角の性質を基にしてそれらを確かめ説明すること。

第2学年の目標及び内容 ［国立教育政策研究所 (2018)より］

(2) 図形の合同について，数学的活動を通して，次の事項を身に付けることができるよう指導する。

　ア 次のような知識及び技能を身に付けること。

　　（ア）平面図形の合同の意味及び三角形の合同条件について理解すること。

　　（イ）証明の必要性と意味及びその方法について理解すること。

　イ 次のような思考力，判断力，表現力等を身に付けること。

　　（ア）三角形の合同条件などを基にして三角形や平行四辺形の基本的な性質を論理的に確かめたり，証明を読んで新たな性質を見いだしたりすること。

　　（イ）三角形や平行四辺形の基本的な性質などを具体的な場面で活用すること。

〔用語・記号〕対頂角　内角　外角　定義　証明　逆　反例　≡

C　関　数

(1) 一次関数について，数学的活動を通して，次の事項を身に付けることができるよう指導する。

　ア 次のような知識及び技能を身に付けること。

　　（ア）一次関数について理解すること。

　　（イ）事象の中には一次関数として捉えられるものがあることを知ること。

　　（ウ）二元一次方程式を関数を表す式とみること。

　イ 次のような思考力，判断力，表現力等を身に付けること。

　　（ア）一次関数として捉えられる二つの数量について，変化や対応の特徴を見いだし，表，式，グラフを相互に関連付けて考察し表現すること。

　　（イ）一次関数を用いて具体的な事象を捉え考察し表現すること。

〔用語・記号〕変化の割合　傾き

D　データの活用

(1) データの分布について，数学的活動を通して，次の事項を身に付けることができるよう指導する。

　ア 次のような知識及び技能を身に付けること。

　　（ア）四分位範囲や箱ひげ図の必要性と意味を理解すること。

　　（イ）コンピュータなどの情報手段を用いるなどしてデータを整理し箱ひげ図で表すこと。

　イ 次のような思考力，判断力，表現力等を身に付けること。

　　（ア）四分位範囲や箱ひげ図を用いてデータの分布の傾向を比較して読み取り，批判的に考察し判断すること。

(2) 不確定な事象の起こりやすさについて，数学的活動を通して，次の事項を身に付けることができるよう指導する。

　ア 次のような知識及び技能を身に付けること。

　　（ア）多数回の試行によって得られる確率と関連付けて，場合の数を基にして得られる確率の必要性と意味を理解すること。

　　（イ）簡単な場合について確率を求めること。

　イ 次のような思考力，判断力，表現力等を身に付けること。

　　（ア）同様に確からしいことに着目し，場合の数を基にして得られる確率の求め方を考察し表現すること。

　　（イ）確率を用いて不確定な事象を捉え考察し表現すること。

文字を用いた式

<u>単元の学習目標</u> 具体的な事象の数量の関係を，文字を用いた式で表し，目的に応じて式を変形して，説明できるようになろう

単元でめざす生徒の成長のイメージ

単元の導入

問題文をみても，何を文字で表したらいいか，どんな式を立てればよいかがわからない……。

単元学習後

問題や式が複雑になっても，目的に応じて式を変形して解けるようになった。

評価のポイントとなる2場面と指導の手だて

　一次方程式で用いる文字を使った簡単な式の計算ができるようになることを意図して，整式の加法や減法の計算を最初に取り上げる。項の意味や計算の法則を振り返るなど，第1学年で学習した文字を用いた式の計算と関連付けたり，小学校算数科で学んだ具体的な数の計算と関連付けたりして考察することが大切である。

　また，文字を用いた式を具体的な場面で活用する学習では，複数の項の計算に苦労したり，目的に応じて式を変形できなかったりする生徒がいる。使えるレベルの知識・技能にするためには，単元全体を見通し，単元後半で登場する計算の式を，技能の定着を図る場面であらかじめ練習問題の中に入れ込んでおくといった，工夫も考えられる。

　評価場面1は，教科書ではあまり扱われない整式の加法について，小学校算数の計算をもとに具体的な数の計算と関連付ける活動を取り上げる。計算方法を考察し，その記述から生徒の理解状況を把握し，形成的評価につなげる。また，単元末や定期テストで再度扱い，記録に残す評価にすることも考えられる。

　評価場面2は，授業で，文字を用いた式で数量および数量の関係を捉え，目的に応じて式を変形することで数の性質が成り立つ理由について説明する活動を取り上げる。生徒の記述を記録に残す評価として扱う。

単元の評価規準

知識・技能	思考・判断・表現	主体的に学習に取り組む態度
❶ 簡単な整式の加法と減法および単項式の乗法と除法の計算をすることができる。 ❷ 具体的な事象の中の数量の関係を文字を用いた式で表したり，式の意味を読み取ったりすることができる。 ❸ 文字を用いた式で数量および数量の関係を捉え説明できることを理解している。 ❹ 目的に応じて，簡単な式を変形することができる。	❶ 具体的な数の計算やすでに学習した計算の方法と関連付けて，整式の加法と減法および乗法と除法の計算の方法を考察し表現することができる。 ❷ 文字を用いた式を具体的な場面で活用することができる。	❶ 文字を用いた式のよさを実感して粘り強く考えようとしている。 ❷ 文字を用いた式について学んだことを生活や学習に生かそうとしている。 ❸ 文字を用いた式を活用した問題解決の過程を振り返って評価・改善しようとしている。

指導と評価の計画

次	学習の流れ （◎）学習内容　　（・）学習活動	おもな評価規準 ●：記録に残す評価 ○：記録に残さない評価
1	◎　整式の加法と減法および単項式の乗法と除法の計算（第１～７時） ・具体的な数の計算やすでに学習した計算方法と関連付けて，整式の加法と減法の計算方法を考察し表現する。【評価場面❶】	思❶
	・簡単な整式の加法と減法および単項式の乗法と除法の計算をする。	知①
2	◎　目的に応じた式の変形（第８時） ・数量を表す式を目的に応じて変形したり，関係を表す式を等式の性質を用いて同値変形する。	知④　主❷
3	◎　文字を用いた式で数量および数量の関係を捉え説明する（第９～11時） ・具体的な事象の中から数量関係を見いだし，文字を用いた式で表したり，式の意味を読み取ったりする。	知②③　主❶❷
	・目的に応じて式を変形したり，その意味を読み取ったりして，事柄が成り立つ理由を説明する。【評価場面❷】	思❷　主③
	◎　文字を用いた式を具体的な場面で活用する（第12時） ・さまざまな事象における問題解決の場面で，文字を用いた式を活用する。	思❷　主❸
テスト	・整式の計算の技能と計算の方法を説明する問題を出題し，知識・技能と思考・判断・表現の両方を評価する。（知❷思❶） ・数の性質について理由を説明する問題について，説明する記述問題に加え，条件を変えた計算を示し，成り立つ性質を自ら選び説明し，目的に応じて式を変形することで思考・判断・表現を評価する。（知❶❸❹思❷）	

具体的な数の計算やすでに学習した計算方法と関連付けて，整式の加法と減法の計算方法を考察し表現する

評価規準

知識・技能	思考・判断・表現	主体的に学習に取り組む態度
	❶ 具体的な数の計算やすでに学習した計算の方法と関連付けて，整式の加法と減法の計算の方法を考察し表現することができる。	

授業づくり（形成的な評価）のポイント

　連立二元一次方程式を解くのに必要な簡単な式の計算ができるようになることを意図して，第1学年で学習した項の意味，文字を用いた式の計算や小学校算数科で学んだ具体的な数の計算などと関連付けて整式の加法と減法の計算方式を考察することが大切である。具体的な数の計算と関連付けることで，第3学年の多項式の展開公式や平方根の加法や減法の計算を見通して，生徒が整式の四則計算について統合的に考察し，体系的に捉えられるように配慮したい。

生徒のつまずきを明らかにする確認問題

　授業の導入で以下の問題を提示し，小学校算数科で学んだ具体的な数の計算と関連付けて，整式の加法の計算方法について考えていく。

評価問題例

　かおりさんは，36＋42 の計算について，次のように筆算し，その計算の仕方を次のように説明しました。

かおりさんの筆算

```
  36
+ 42
────
  78
```

かおりさんの説明

36＋42の計算では，
位ごとに計算をします。
まず，十の位どうしを加えて，
　30＋40＝70
次に，一の位どうしを加えて，
　6＋2＝8
これらを合わせて，
　70＋8＝78
したがって，
　36＋42＝78

$(3a＋6b)＋(4a＋2b)$ の計算の仕方を，かおりさんの説明を参考にして説明しなさい。

B評価の生徒のすがた

解答例

$(3a+6b)+(4a+2b)$ の計算では，同類項をまとめます。

まず，a の項どうしを加えて，$3a+4a=7a$

次に，b の項どうしを加えて，$6b+2b=8b$

これらを合わせて　　　　　　$7a+8b$

したがって　　　　　　　　$(3a+6b)+(4a+2b)=7a+8b$

評価（判断）の理由

・同類項をまとめて計算することを説明していればB評価とする（途中の計算過程も説明として許容する）。

Cの学習状況に対する指導・支援の手だて

・具体的な数の計算と関連付けることができない生徒には，かおりさんの筆算と，$(3a+6b)+(4a+2b)$ を筆算で表したものを比較し，かおりさんの説明とそれぞれの項がどう対応しているかを話し合う活動を取り入れる。

・具体的に，$a=10$，$b=1$ のときや，$a=0.1$，$b=0.01$ のときの式の値を求める場面を設定し，それらの計算方法を一体的に捉え，整式の計算として成り立っていることなどを確かめる活動を取り入れる。

・計算の技能習得場面では，以後の学習を見通して問題を取り上げる。例えば，文字を用いた式の活用場面で扱う「$n+(n+1)+(n+2)$」などの計算や，連立方程式で扱う「$(2x+5y)-(2x+3y)$」といった計算を取り上げ，今後の学習に必要な程度の計算技能を身につけられるようにする。

学びを深めるゴール問題

　小学校算数科で学んだ具体的な数の計算と関連付けて，整式の加法や減法の計算方法を考察し表現する。例えば，「$3(x+2y)$」の計算を，「$3×42$」のような既習の乗法と関連付けて考えたり，第3学年の多項式の学習では，「$(x+3)(y+5)$」の展開を，「$63×25$」の筆算と関連付けて考えたりすることで，数や文字の計算を統合的に捉える活動につなげることができる。

　授業の終末では以下のような評価問題を取り上げ，生徒の状況を見取る。

評価問題例

　$(3a+6b)+(4a+2b)$ の計算を参考に，「$36+42$」の計算の仕方を説明できるか。また，その理由を述べなさい。

A評価の生徒のすがた

解答例

・できる。
　この式で $a=10$，$b=1$ として考えれば，$36+42$ の計算の仕方を，同じように説明することができるから。

評価（判断）の理由

・「できる」と解答し，文字に具体的な数を代入して考えれば，かおりさんの筆算の計算の考えと同じになることなど，理由を述べていればA評価とする。

（留意点）本時の学習を振り返って，整式の加法と減法の計算方法をどのように捉えているかを確認する。例えば，「$4(2x-y)-3(2x-5y)$」の計算で，「$4(2x-y)-3(2x-5y)$」の減法とみるか，「$4(2x-y)-3(2x-5y)$」の加法とみるかを生徒に問いかけて，第1学年で学習した項の意味や計算の法則を振り返ったり，文字を用いた式の計算とあらためて関連付けたりすることも考えられる。

目的に応じて式を変形したり，その意味を読み取ったりして，事柄が成り立つ理由を説明する

本時の評価規準

知識・技能	思考・判断・表現	主体的に学習に取り組む態度
	❷ 文字を用いた式を具体的な場面で活用することができる。	

生徒のつまずきを明らかにする確認問題

　授業の導入で以下の問題を提示し，説明例をもとに，文字を用いた式では，場面や条件を変えずに数量および数量の関係を表す方法を変えることで，目的に応じて式を変形できることについて考えていく。

評価問題例

　ゆうひさんとたかしさんは，連続する3つの自然数の和について，次のように考えました。

　　1，　2，　3のとき　　　$1+2+3=6=3\times2$

　　5，　6，　7のとき　　　$5+6+7=18=3\times6$

　　12，13，14のとき　　　$12+13+14=42=3\times13$

これらの結果からゆうひさんは次のように予想しました。

ゆうひさんの予想
　連続する3つの整数の和は，中央の整数の3倍になる。

**　ゆうひさんの予想がいつでも成り立つことを，たかしさんは下のように説明しました。**

たかしさんの説明
　連続する3つの整数のうち中央の整数を n とすると，連続する3つの整数は，
　$n-1$, n, $n+1$ と表せる。それらの和は
　$(n-1)+n+(n+1)=n-1+n+n+1$
　　　　　　　　　　$=3n$
　　n は整数だから，$3n$ は中央の整数の3倍になる。したがって，連続する3つの整数の和は，中央の整数の3倍になる。

**　たかしさんの説明を参考に，ゆうひさんは連続する3つの整数のうち，最も小さい数を n として説明します。計算式や言葉を補って，説明を完成させなさい。**

ゆうひさんの説明
　連続する3つの整数のうち，最も小さい整数を n とすると，連続する3つの整数は，
　n, $n+1$, $n+2$ と表せる。それらの和は

　$n+(n+1)+(n+2)=$

B評価の生徒のすがた

解答例

説明：$3n+3=3(n+1)$

$n+1$は中央の整数だから，$3(n+1)$は中央の整数の3倍である。
したがって，連続する3つの整数の和は，中央の整数の3倍である。

評価（判断）の理由

・たかしさんの説明を参考にして，目的に応じて式を変形して説明していればB評価とする（目的に応じて式を変形しただけの説明など，表現不十分を許容する）。

Cの学習状況に対する指導・支援の手だて

・目的に応じた式を変形する必要性に気付いていない生徒には，たかしさんの説明の「nは整数だから，$3n$は中央の整数の3倍になる」の部分を取り上げ，「$3n$」という式から，なぜ「中央の整数の3倍になる」ことがいえるのかを考えさせて，「3の倍数であることを説明するためには，3×（自然数）の形にすればいい」のような見通しをもてるようにする。

・たかしさんの説明では，中央の整数をnとしたときに，「$3n$」という式は，「中央の整数の3倍」を表すために変形する必要がない。そこで，最も小さい整数をnとしたときに，計算した結果の「$3n+3$」を「$3×(n+1)$」という形に変形する必要性に気付けるよう支援を行う。

学びを深めるゴール問題

その後，以下の問題で生徒の状況を見取る。

評価問題例

連続する3つの整数のうち，最も大きい整数をnとしたときでも，同じように説明できるか。理由もあわせて説明しなさい。

A評価の生徒のすがた

解答例

・連続する3つの整数のうち，最も大きい整数をnとしたときも，連続する3つの整数の和を$3n-3=3(n-1)$と表すことができるので，中央の整数の3倍になることを説明できる。

評価（判断）の理由

・連続する3つの整数のうち，最も大きい整数をnとしたときも説明できることを見いだしていればA評価とする。

留意点　本評価問題を単元末テストや定期テストで再度出題し，リベンジチャンスとすることも考えられる。

連立二元一次方程式

単元の学習目標 連立方程式の必要性と解の意味を理解し，具体的な場面で活用できるようになろう

単元でめざす生徒の成長のイメージ

単元の導入

1年生で学んだ方程式と比べて，文字の種類と式の数が増えてどう解けばいいのかわからない……。

単元学習後

連立方程式が必要な場面がわかり，自分で式を立てて解けるようになったよ。

評価のポイントとなる2場面と指導の手だて

　連立二元一次方程式は，解き方の習熟に時間がかかってしまい，活用問題になかなか時間をかけられないことがある。また，活用問題では，係数の値が大きくなったり分数が入ってきたりして，計算がむずかしいなどの課題がある。具体的な問題の解決に必要な程度の方程式が解けるようにし，連立二元一次方程式を具体的な場面で活用できるようにすることが大切である。やみくもに計算練習を行えばよいとも限らないので，求答のみを目的とするのではなく，方程式を解く過程に着目できるような問題配列や意図的な数値設定を行うようにしたい。

　また，活用の場面では，方程式を立式することに重きが置かれるが，求めた解を問題の文脈に即して解釈し，問題の答えを求めることも大切である。第1学年の一元一次方程式，第3学年の二次方程式と関連付けて解決過程を振り返り，方程式で得られた結果を意味付けたり活用したりしようとする態度を養いたい。

　評価場面1は，活用場面で用いる連立二元一次方程式を，前もって取り上げ，それを解く方法を説明できるようにするねらいで，8問の問題構成を工夫した授業を行う。連立二元一次方程式を解く方法について，一元一次方程式と関連付けて考えているかを記述式で問い，形成的な評価を行う。

　評価場面2は，連立二元一次方程式を具体的な場面で活用する授業である。方程式で求めた解を問題に即して解釈し，問題が求めている答えを導いているかを見取る。求めた解を事象に即して解釈しているかについてワークシートの記述から記録に残す評価を行う。

単元の評価規準

知識・技能	思考・判断・表現	主体的に学習に取り組む態度
❶ 二元一次方程式とその解の意味を理解している。 ❷ 連立二元一次方程式の必要性と意味およびその解の意味を理解している。 ❸ 簡単な連立二元一次方程式を解くことができる。	❶ 一元一次方程式と関連付けて、連立二元一次方程式を解く方法を考察し表現することができる。 ❷ 連立二元一次方程式を具体的な場面で活用することができる。	❶ 連立二元一次方程式のよさを実感して粘り強く考えようとしている。 ❷ 連立二元一次方程式について学んだことを生活や学習に生かそうとしている。 ❸ 連立二元一次方程式を活用した問題解決の場面を振り返って評価・改善しようとしている。

指導と評価の計画

次	学習の流れ （◎）学習内容　　（・）学習活動	おもな評価規準 ●：記録に残す評価 ○：記録に残さない評価
1	◎　連立二元一次方程式の必要性と意味およびその解の意味（第1, 2時） ・連立二元一次方程式を変数が満たすべき条件と捉え、2つの条件が成り立つ変数の値の組を求める方法を考える。 ・連立二元一次方程式をつくる。 ・二元一次方程式の解の意味や、連立二元一次方程式の必要性と意味およびその解の意味を理解する。	 知① 知② 知①　主①
2	◎　連立二元一次方程式を解くこと（第3～7時） ・一元一次方程式と関連付けて、連立二元一次方程式を解く方法を考察し表現する。【評価場面❶】 ・加減法や代入法を用いて、連立二元一次方程式を解く。 ・加減法や代入法で連立方程式を解く過程を振り返り、その共通点や相違点について考える。	 思① 知③ 思②　主❶
3	◎　連立二元一次方程式の活用（第8～12時） ・具体的な事象の中の数量の関係を捉え、連立二元一次方程式をつくる。【評価場面❷】 ・問題の中の数量やその関係を文字を用いた式で表し、それをもとにしてつくった連立二元一次方程式を解き、求めた解や解決の方法が適切であるかどうかを振り返って考える。 ・連立二元一次方程式を活用して問題を解決する手順を理解する。	 思❷　主③ 思②　主❷ 思②　主❸
テスト	・連立二元一次方程式の必要性と意味を選択式で出題し、意味理解の状況を評価する。（知❶❷❸） ・連立二元一次方程式を活用する問題場面で、求めた解や解決の方法が適切であるかどうかを記述式で出題する。（思❶❷）	

一元一次方程式と関連付けて，連立二元一次方程式を解く方法を考察し表現する

評価規準

知識・技能	思考・判断・表現	主体的に学習に取り組む態度
	① 一元一次方程式と関連付けて，連立二元一次方程式を解く方法を考察し表現することができる。	

授業づくり（形成的な評価）のポイント

　連立二元一次方程式を解くには，既習の一元一次方程式に帰着させて，2つの文字のうち一方の文字を消去すればよいことに気付き，加減法や代入法による解き方について考察し表現することができるようになることが必要である。このとき，連立二元一次方程式を解くことについては，具体的な問題の解決に必要な程度の方程式が解けるようにし，それを活用できるようにすることが大切である。

生徒のつまずきを明らかにする確認問題

　授業の導入では，加減法による連立二元一次方程式の解き方を確認し，類似の問題で習熟を図るようにする。

$(1) \begin{cases} 3x+4y=460 \\ 3x+2y=320 \end{cases}$　$(2) \begin{cases} 4x+2y=380 \\ x+2y=200 \end{cases}$　$(3) \begin{cases} 2x+2y=260 \\ 3x+2y=320 \end{cases}$　$(4) \begin{cases} 2(2x+y)=380 \\ 0.1x+0.2y=320 \end{cases}$

$(5) \begin{cases} x+y=130 \\ 3x+2y=320 \end{cases}$　$(6) \begin{cases} 10x+10y=380 \\ 15x+10y=1600 \end{cases}$　$(7) \begin{cases} x+y=130 \\ 15x+10y=1600 \end{cases}$

　(1) を解いた後，2つの文字のうち一方の文字を消去すればよいことなど，解き方を確認し，(2) 以降に取り組めるようにする。分数係数の方程式に苦手意識をもっている生徒が多いと予想されることから，本時では，評価問題である (8) を出題する前に，下の式の分母を払った (7)，そこから加減法で解くために係数をそろえた (6) を意図的に位置付ける。その際，あえて解を同一にするなど，生徒の課題意識が「求答」ではなく「解き方」に向くように，数学的な見方・考え方が働きやすい問題構成や板書等を工夫したい。生徒が(8)を解く際に「分数が入っていても，分母を払ってしまえば簡単に解ける」と気付けるような工夫が必要である。

　(4) は小数点を含む数があり，一見むずかしそうだが，上の式の左辺を展開し，下の式の両辺を10倍すれば，(2) とまったく同じ問題になることを見いだし，「(2) が解ければ，(4) も解けるはず」のような見通しをもてるようにしたい。

　その後，(8) で次のように発問し，生徒の学習状況を見取る。

評価問題例

次の連立方程式を解く方法を説明しなさい。ただし，解を求める必要はありません。

$$(8)\begin{cases} x+y=130 \\ \dfrac{15}{100}x+\dfrac{10}{100}y=16 \end{cases}$$

B評価の生徒のすがた

解答例

上の式「$x+y=130$」の両辺を10倍した式から，下の式「$\dfrac{15}{100}x+\dfrac{10}{100}y=16$」の両辺を100倍した式の両辺をひく。…①

そうすると，yが消去され，一元一次方程式でxの値を求めることができる。…②

求めたxの値を，上の式に代入して，一元一次方程式でyの値を求めれば，解くことができる。…③

評価（判断）の理由

・①，②，③について，一方の文字を消去し，一元一次方程式に帰着されることなどを記述していればB評価とする（表現不十分を許容する）。

Cの学習状況に対する指導・支援の手だて

・連立方程式の解き方についてどのような理解の状況にあるのか，本問題だけでなく，授業の導入時に出題した7問の学習状況から，生徒のつまずきを見取る。

・多項式の加減の計算や，文字に値を代入して一元一次方程式を解くことなど，本時のねらいとは異なる誤りについては，可能な限り許容し，あくまでも連立二元一次方程式の解き方を考えることに焦点化できるようにするとともに，数と式の領域をあらかじめ見通して指導と評価の計画を立てるようにしたい。

学びを深めるゴール問題

　授業の終末では，生徒が学習を振り返る活動を通して，さらに生徒の状況を見取る。連立二元一次方程式を解くためには，すでに知っている一元一次方程式に帰着させて，2つの文字のうち一方の文字を消去すればよいことなどについて，自分の言葉で表現できるようにしたい。

評価問題例

今日の学習を振り返って，連立方程式の解くときのポイントを自分なりに説明しなさい。

A評価の生徒のすがた

解答例

・連立方程式は，どちらかの文字の係数をそろえて文字を消去し，1年生のときに習った一次方程式にすれば解ける。分数があっても，等式の性質を使って分母をはらえば，意外と簡単に解ける。

評価（判断）の理由

・学習を振り返って，連立二元一次方程式を一元一次方程式に帰着させて解く方法について，自分なりにポイントを整理するなどしていればA評価とする。

具体的な事象の中の数量の関係を捉え，連立二元一次方程式をつくる

本時の評価規準

知識・技能	思考・判断・表現	主体的に学習に取り組む態度
	❷ 連立二元一次方程式を具体的な場面で活用することができる。	

生徒のつまずきを明らかにする確認問題

　授業の導入では，以下の問題を提示し，問題から何を文字で表すか，どのような数量の関係を捉えて立式するかなどについて話し合う活動を取り入れる。

　連立二元一次方程式を活用する際は，一元一次方程式の活用と同様，方程式を活用して問題を解決するための知識を身に付けるとともに，解決過程を振り返り，得られた結果を意味付けたり評価・改善したりしようとする態度を養うことが大切である。特に立式の段階においては，数量の関係を捉えて，個数の関係，代金の関係など，ある特定の量に着目して式をつくるようにしたり，捉えた数量を表や線分図などで表してその関係を明らかにしたりすることも有効である。

評価問題例

まきさんは，りょうじさんと，次の問題について話し合っています。

　ある中学校では，地域の小中学校合同のボランティア活動に毎月参加しています。
　先月の参加人数は，男女合わせて130人でした。今月は，先月に比べて，男子が15%増え，女子も10%増えたため，参加人数は全体で16人増えました。
　今月の男子，女子の参加人数は，それぞれ何人ですか。

まきさん　　　：今月の男子の人数をx人，女子の人数をy人として考えてみるよ。
りょうじさん：先月に比べて，男子が15%増え，女子も10%増えたんだから，
　　　　　　　先月の男子の人数をx人，女子の人数をy人として考えたほうが問題の条件を上手く使えると思うけど。

　まきさんとりょうじさんは，先月の男子の人数をx人，女子の人数をy人として，この問題の数量を，次の表のようにまとめました。
　この表を参考にして，方程式をつくりなさい。
　また，その方程式を解いて，問題の答えを求めなさい。

	男子	女子	合計
先月の参加人数（人）	x	y	130
増えた人数（人）	$\frac{15}{100}x$	$\frac{10}{100}y$	16

B評価の生徒のすがた

解答例

　先月の男子の人数をx人，女子の人数をy人とすると，
$$\begin{cases} x+y=130 \cdots ① \\ \frac{15}{100}x+\frac{10}{100}y=16 \cdots ② \end{cases}$$

$$①×10 \qquad 10x+10y=1300$$
$$②×100 \qquad \underline{-)\ 15x+10y=1600}$$
$$-5x \qquad\quad =-300$$
$$x=60$$

$x=60$ を①に代入すると

$$60+y=130$$
$$y=70$$

　　今月の男子は15%増えたから，$60×1.15＝69$
　　女子は10%増えたから，$70×1.1＝77$

答え　男子69人，女子77人

評価（判断）の理由

・方程式をつくって，それを解き，求めた解を問題に即して解釈していればB評価とする。

Cの学習状況に対する指導・支援の手だて

・本問題には，生徒がつまずきやすいポイントが3つある。①数量の関係を捉えて立式すること，②方程式を解くこと，③求めた解を問題に即して解釈し答えを求めることである。特に，①と③は問題解決に不可欠な思考過程なので，計算の正確さの指導だけでなく，その必要性を理解し，見通しをもって問題解決に取り組めるようにすることが大切である。

・方程式の解「$x=60,\ y=70$」をそのまま問題の答えにする生徒には，第1学年での方程式の解を問題に即して解釈する活動を復習させる。

学びを深めるゴール問題

　授業の後半では，問題解決の過程を振り返って，さらに生徒の状況を見取る。

評価問題例

　まきさんのように，今月の男子の人数を x 人，女子の人数を y 人とすると，どのような方程式をつくることができるか。方程式をつくりなさい。また，その方程式を解いて，問題の答えを求めなさい。

A評価の生徒のすがた

解答例

今月の男子の人数を x 人，女子の人数を y 人とすると，

$$\begin{cases} x+y=146 \cdots ① \\ \dfrac{100}{115}x+\dfrac{100}{110}y=130 \end{cases}$$

　これを解くと，$x=69,\ y=77$

答え　男子69人，女子77人

評価（判断）の理由

・「今月の男子と女子の人数」を文字で表し，方程式をつくって解決していればA評価とする。

留意点　2つの解決過程を比較し，先月の生徒と今月の生徒のどちらを文字で表して立式した方がよいかについて話し合うなどして，主体的に学習に取り組む態度の観点で「連立二元一次方程式を活用した問題解決の場面を振り返って評価・改善しようとしている」についてあわせて評価することも考えられる。

基本的な平面図形の性質

単元の学習目標 平行線や角の性質を理解し，平面図形の性質を確かめ説明できるようになろう

単元でめざす生徒の成長のイメージ

単元の導入

> 平面図形の性質は，公式などの決まりごとを覚えておけばいいのかな。

単元学習後

> 平行線や角の性質を理解したら，三角形の内角の和が180°になることなどの理由が説明できるようになった。

評価のポイントとなる2場面と指導の手だて

　多角形の角の性質については，導き出された結果や公式だけを暗記すればいいと思っている生徒がいる。生徒は平行線の性質や，三角形や四角形など多角形の簡単な性質について，小学校算数科で観察や操作などの活動を通して学習し，筋道立てて考えてきているが，結果を知っているからこそ見いだすことや求め方の説明がおろそかになることがある。

　本単元では，B(2)「図形の合同」の学習を意識して，図形をよく観察したり作図したりする操作や実験などの活動を通して，その推論の過程を他者に伝わるようにわかりやすく表現できるようにする。

　評価場面1は，小学校算数科で扱った，2枚の三角定規を使ってある直線に平行な直線を引いたり，2直線が平行かどうかを調べたりする学習を踏まえて，平行線になるための条件を理解しているかどうかを選択式で問い，理解状況を見取り，形成的評価につなげる。

　評価場面2は，論理的に考察し表現する必要のある場面として，「三角形の内角の和が180°である」ことを平行線や角の性質をもとに説明する学習を行う。三角形の内角を集める場所を変えるといった統合的・発展的に考える活動を通して，図形の性質への理解を深める。その際に，説明を書くことを重視するのではなく，説明を読んで用いられている性質を読み取る活動を通して，授業後半の活動時間を確保するなどの工夫が考えられる。授業中の生徒の記述から理解状況を見取り，記録に残す評価とする。

単元の評価規準

知識・技能	思考・判断・表現	主体的に学習に取り組む態度
❶ 平行線や角の性質を理解している。 ❷ 多角形の角についての性質が見いだせることを知っている。	❶ 基本的な平面図形の性質を見いだし、平行線や角の性質をもとにしてそれらを確かめ説明することができる。 ❷ 多角形の内角の和や外角の和などを予想し、平行線や角の性質をもとにしてそれらを確かめ説明することができる。	❶ 平面図形の性質のよさを実感して粘り強く考えようとしている。 ❷ 平面図形の性質について学んだことを生活や学習に生かそうとしている。 ❸ 平面図形の性質を活用した問題解決の場面を振り返って評価・改善しようとしている。

指導と評価の計画

次	学習の流れ （◎）学習内容　　（・）学習活動	おもな評価規準 ●：記録に残す評価 ○：記録に残さない評価
1	◎　平行線や角の性質（第1〜6時） ・平行線や角の性質を理解する。【評価場面❶】	知① 思①
	・対頂角や平行線の性質を用いて、角の大きさを求めたり、直線の位置関係などを表したりする。	知① 思① 主❶
2	◎　多角形の角についての性質が見いだせることを知ること（第7〜9時） ・多角形の内角と外角および内角の和や外角の和の意味を理解し、その性質が見いだせることを知る。	思❷ 主❷❸
	・多角形の内角の和や外角の和などを求める。	知②
3	◎　基本的な平面図形の性質を見いだし、それらを確かめ説明すること（第10時） ・「三角形の内角の和は180°である」ことを、平行線や角の性質を用いて説明する。【評価場面❷】	思①
テスト	・平行ではない2直線における同位角や錯角の位置などについて選択式で出題し、意味理解の状況を評価する。（知❶❷） ・「三角形の内角の和は180°である」理由の説明を記述式で出題し、思考力、判断力、表現力等の状況を評価する。（思❶❷）	

117

評価場面❶（第3時）
平行線や角の性質を理解する

評価規準

知識・技能	思考・判断・表現	主体的に学習に取り組む態度
① 平行線や角の性質を理解している。		

授業づくり（形成的な評価）のポイント

　平行線や角の性質については，小学校算数科で平行線をかくなどの観察や操作，実験などを通して学んでいる。中学校では，対頂角や同位角，錯角の位置関係，平行線や角の性質など，小学校算数科での学びに配慮しつつ，数学的な推論の視点を意識して平行線や角の性質を理解できるようにすることが大切である。

生徒のつまずきを明らかにする確認問題

　2直線に1直線が交わってできる角について，2直線の位置関係を変えたとき，同位角の大きさがどのように変わるかを調べたり，反対に，同位角が等しいかどうかに着目して2直線の位置関係を調べたりする観察や操作，実験などを通して，一方が成り立つとき，他方はおのずと成り立つという体験をする。

　授業の後半に「2直線に他の直線が交わってできる同位角が等しければ，この2直線は平行である」など，平行線や角の性質をまとめた後で，以下の評価問題を提示し，小学校算数科の三角定規を使って平行線をかく活動について振り返り，根拠となっている事柄について生徒の理解状況を見取る。

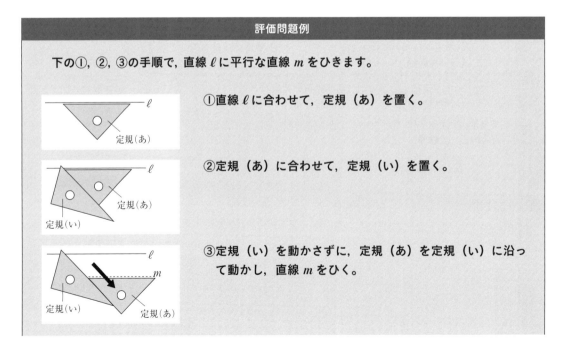

評価問題例

　下の①，②，③の手順で，直線 ℓ に平行な直線 m をひきます。

①直線 ℓ に合わせて，定規（あ）を置く。

②定規（あ）に合わせて，定規（い）を置く。

③定規（い）を動かさずに，定規（あ）を定規（い）に沿って動かし，直線 m をひく。

上の①，②，③の手順では，直線ℓに対する平行な直線mを，どのようなことがらを根拠にしてひいていますか。下のアからエまでの中から正しいものを1つ選びなさい。
　　ア　2直線に1つの直線が交わるとき，同位角が等しければ，2直線は平行である。
　　イ　2直線に1つの直線が交わるとき，錯角が等しければ，2直線は平行である。
　　ウ　1つの直線に垂直な2直線は平行である。
　　エ　1つの直線に平行な2直線は平行である。

平成24年度全国学力・学習状況調査中学校数学A⑥(1)

B評価の生徒のすがた

解答例

ア

評価（判断）の理由

・「ア」を選択していればB評価とする。

Cの学習状況に対する指導・支援の手だて

・平成24年度全国学力・学習状況調査の平均正答率は約45％にとどまっている。同位角と錯角とを誤った「イ」の反応率が約25％あった。単なる用語の誤りの可能性もあるが，平行線だから錯角が等しいといえるのか，錯角が等しいから平行線といえるのかのような論理を認識できていない生徒もいると考えられる。

・三角定規の操作を振り返り，動かした三角定規の1つの角に着目し，動かす前と後の位置が2直線の同位角にあたることを確認する。

学びを深めるゴール問題

　平行線や角の性質の学習を振り返り，発展的に考える活動を通して生徒の状況を見取る。しかし，この段階では，生徒が自力で説明することはむずかしいかもしれない。あくまで，「知識・技能」の観点の評価として，説明の中で平行線や角の性質を使うことができるかどうかを見取るようにしたい。生徒の状況によっては，平行四辺形だけを提示して，辺DCを延長する補助線の必要性に気付けるようにすることも考えられる。

評価問題例

右のように，平行四辺形ABCDと辺DCを延長した点Eがあるとき，∠B＝∠Dとなるわけを説明しなさい。

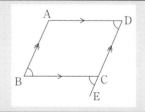

A評価の生徒のすがた

解答例

AB∥DCで，平行線の錯角が等しいから，∠B＝∠BCE
　また，AD∥BCで，平行線の同位角は等しいから，∠D＝∠BCE
　したがって，∠B＝∠D

評価（判断）の理由

・平行線や角の性質を根拠として，平行四辺形の向かい合う角が等しいわけを説明していればA評価とする。

評価場面❷（第10時）
「三角形の内角の和は180°である」ことを，平行線や角の性質を用いて説明する

本時の評価規準

知識・技能	思考・判断・表現	主体的に学習に取り組む態度
	❶ 基本的な平面図形の性質を見いだし，平行線や角の性質をもとにしてそれらを確かめ説明することができる。	

生徒のつまずきを明らかにする確認問題

　本時では，平行線や角の性質を一通り学習した後に，それらを用いて小学校算数科でも学習した「三角形の内角の和が180°になる」ことの理由を説明できるようになることをねらいとする。

　授業の導入では，小学校算数科で，観察や操作，実験などの活動を通して見いだしたことを振り返り，右の図のように，3つの内角が集まっている様子を注意深く観察することで，頂点を通り

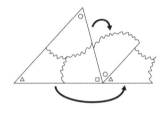

対辺に平行な直線を引けば，集めた角と集める前の角が，同位角や錯角の関係になっていることに気付けるようにしたい。

　そのうえで，平行線や角の性質を根拠として，筋道立てて説明できるようにすることが考えられる。その後，以下の問題で，生徒の学習状況を見取る。

評価問題例

　右の図のように，△ABC の頂点 A を通り，辺 BC に平行な直線 DE をひきます。この図を利用して，三角形の内角の和が180°であることを説明しなさい。

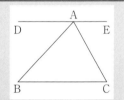

B評価の生徒のすがた

解答例

平行線の錯角は等しいから
　∠ABC＝∠BAD
平行線の錯角は等しいから
　∠ACB＝∠CAE
したがって，△ABCの内角の和を求めると
∠BAC＋∠ABC＋∠ACB
＝∠BAC＋∠BAD＋∠CAE
＝180°
よって，三角形の内角の和は180°である。

評価（判断）の理由

・三角形の内角の和が180°になることを平行線や角の性質をもとにして説明できていればB評価とする。上記の解答以外に，図に表していたり，表現不十分であったりするものも許容する。

Cの学習状況に対する指導・支援の手だて

・説明を読み，右の図のように平行線の性質によって等しくなる角について図と対応させながら考えたり，話し合わせたりする。

・右の図や本問題を踏まえて，どのような補助線を引いたのか，どのように解決したのかについて数学的な見方・考え方を明示することで，発展的に考える場面でも生徒は同じように考えることができるようにする。

・手が止まっている生徒には「直線DEをひいたことで，何かわかることはあるかな？」などと問いかけることで見方・考え方を働かせられるように支援する。

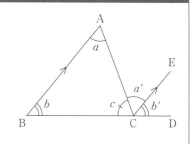

学びを深めるゴール問題

　授業の終末では，ここまでの活動を振り返るとともに，条件を変えて統合的・発展的に考える問題で，生徒の状況を見取る。

評価問題例

　三角形の3つの内角を集める場所を，辺上の1点や内部の1点のまわりにしても，「三角形の内角の和は180°である」理由を説明しなさい。

A評価の生徒のすがた

解答例

　3つの辺と平行な直線を，三角形の内部の1点で交わるようにひくと，図のように，平行線の同位角が等しいことから，三角形の内角の和は180°であるといえる。

評価（判断）の理由

・三角形の3つの角を，辺上の1点や内部の1点に集める方法で説明していればA評価とする。

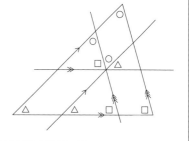

留意点　学習活動の中で，生徒が試行錯誤しながら平行線の角の位置関係などを捉え直していたり，学習を振り返って自らの学習を調整しながら粘り強く考えようとしている様子がみられれば，主体的に学習に取り組む態度の観点で「平面図形の性質のよさを実感して粘り強く考えようとしている」についてあわせて評価することも考えられる。

図形の合同

単元の学習目標　平面図形の合同の意味および三角形の合同条件，証明の必要性を理解し，図形の基本的な性質を論理的に説明できるようになろう

単元でめざす生徒の成長のイメージ

単元の導入

> 図形の証明ってどこから始めたらいいのかな。わからなくて書き出せないよ。

単元学習後

> 結論を導くために必要なことを逆算して考えることで，図形の性質を論理的に説明できるようになった。

評価のポイントとなる2場面と指導の手だて

　図形の性質を三角形の合同条件などをもとにしながら証明することについて，苦手意識をもつ生徒は多いのではないだろうか。

　数学的な推論の過程を簡潔・明瞭に表現することは，一挙に達成できるものではない。はじめは，伝え合う活動を通して，数学的な推論の過程を他者にわかりやすく根拠を明らかにして表現することを大切にする。そこから証明の方針を立てる活動や，証明を読むことを通して証明を評価・改善したり証明をもとに発展的に考えたりする活動を設定し，次第に数学的な推論の過程を簡潔・明瞭なものとなるようにすることが考えられる。

　単元全体を通して，必要以上に証明の書き方にこだわることをせず，第3学年までを見通して，段階的に指導をする。

　評価場面1は，2つの三角形が合同であることを見いだし，そのとき判断に使った三角形の合同条件について考察する。辺や角に着目して三角形の合同条件を理解しているかどうかを選択式と記述式で問い，生徒の理解状況を見取り，形成的評価につなげる。

　評価場面2は，平行四辺形の基本的な性質を証明する問題に挑む。仮定や結論を図形記号を使って表したり，証明したりする。本時のワークシートを記録に残す評価として扱う。

単元の評価規準

知識・技能	思考・判断・表現	主体的に学習に取り組む態度
❶ 平面図形の合同の意味および三角形の合同条件について理解している。 ❷ 命題の仮定や結論などを記号を用いて表したり，その意味を読み取ったりすることができる。 ❸ 証明の必要性と意味およびその方法について理解している。 ❹ 正方形，ひし形および長方形が平行四辺形の特別な形であることを理解している。	❶ 命題が常に成り立つとは限らないことを示すために，反例を1つあげることができる。 ❷ 三角形の合同条件などをもとにして三角形や平行四辺形の基本的な性質を論理的に確かめたり，証明を読んで新たな性質を見いだしたりすることができる。 ❸ 三角形や平行四辺形の基本的な性質などを具体的な場面で活用することができる。	❶ 証明のよさを実感して粘り強く考えようとしている。 ❷ 図形の合同について学んだことを生活や学習に生かそうとしている。 ❸ 平面図形の性質を活用した問題解決の過程を振り返って評価・改善しようとしている。

指導と評価の計画

次	学習の流れ （◎）学習内容　　（・）学習活動	おもな評価規準 ●：記録に残す評価 ○：記録に残さない評価
1	◎ **合同の意味と三角形の合同条件**（第1～3時） ・図形の合同と三角形の合同条件の意味を理解する。 ・2つの三角形が合同であることや，辺や角の関係などを記号を用いて表したり，その意味を読み取ったりする。 ・平面図形の合同の意味および三角形の合同条件について理解する。【評価場面❶】	知① 知② 知① 主①
2	◎ **数学的な推論，証明の必要性と意味および方法**（第4～8時） ・定義や命題の仮定と結論，逆の意味を理解する。 ・証明の必要性と意味およびその方法，反例の意味について理解する。 ・方針をもとにして，仮定など根拠となる事柄を明らかにし，筋道立てて結論を導くにはどうすればよいか考える。 ・命題が常に成り立つとは限らないことを，反例を1つあげて示す。	知② 知③ 思② 主❶ 知③ 思❶
3	◎ **三角形や平行四辺形の性質および証明を読んで新たな性質を見いだすこと**（第9～29時） ・三角形や平行四辺形の基本的な性質を論理的に確かめる。【評価場面❷】 ・図形の性質の証明を読み，新たな性質を見いだす。 ◎ **特別な四角形**（第30時） ・定義や命題の仮定と結論，逆の意味を理解する。	 思❷ 主② 思❸ 主❷❸ 知④
テスト	・証明の意義等について選択式で出題し，意味理解の状況を評価する。（知❶❷❸❹） ・図形の証明について授業で繰り返し扱った問題と初見の問題の両方を出題し，思考力，判断力，表現力等の状況を評価する。（思❶❷❸）	

平面図形の合同の意味および三角形の合同条件について理解する

評価規準

	知識・技能	思考・判断・表現	主体的に学習に取り組む態度
①	平面図形の合同の意味および三角形の合同条件について理解している。		

授業づくり（形成的な評価）のポイント

　証明をする際には，方針を立てることが大切である。具体的には，結論を導くために必要な事柄を結論から逆向きに考えたり，仮定や仮定から導かれる事柄を明らかにしたりして，それらを結び付けるには，あと何がいえればよいかと試行錯誤して探る活動を通して，証明を行う際の方針がたてられるようにする。

学びを深めるゴール問題

　授業の導入では，証明の方針を立てる活動の初期段階として，三角形の合同条件について理解を深める練習問題を扱う。この段階では，証明の記述まで求めず，合同な三角形の組を見つけ，どの三角形の合同条件で示すか考えさせるだけなので，生徒も取り組みやすい。三角形の合同条件の学習では，3つの条件を文章として覚えているかだけでなく，実際に使えるレベルで理解しているかを重視したい。そのなかで，以下の証明問題の図を先取りし，合同条件を見つける活動を取り入れる。この経験が，後の証明の方針を立てる活動にスムーズにつながるようにしたい。

　終末の場面では，以下のような評価問題を取り上げ，生徒の理解状況を見取る。

評価問題例

　右の図では，線分 AC と線分 BD が点 O で交わっています。△AOD と △COB において，OA＝OC，OD＝OB のとき，△AOD≡△COB がいえるかを考えます。
　このとき，次の問いに答えなさい。

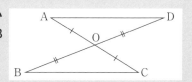

(1) なぎささんは，条件がもう1つあれば，三角形の合同条件のうち，「3組の辺がそれぞれ等しい」を使って，△AOD≡△COB がいえると考えています。そのためには，どんな条件があればよいですか。下のアからカまでの中から1つ選びなさい。

　　ア　OA＝OC　　　　　イ　OD＝OB　　　　　ウ　AD＝CB
　　エ　∠OAD＝∠OCB　　オ　∠ODA＝∠OBC　　カ　∠AOD＝∠COB

(2) ひかるさんは，条件がもう1つあれば，三角形の合同条件のうち，「2組の辺とその間の角がそれぞれ等しい」を使って，△AOD≡△COB がいえると考えています。そのためには，どんな条件があればよいですか。下のアからカまでの中から1つ選びなさい。

　　ア　OA＝OC　　　　　イ　OD＝OB　　　　　ウ　AD＝CB
　　エ　∠OAD＝∠OCB　　オ　∠ODA＝∠OBC　　カ　∠AOD＝∠COB

（3）　△AOD≡△COB をいうために，なぎささんとひかるさんのどちらの考えを使いますか。どちらか一人を選び，それを選んだ理由を説明しなさい。

B評価の生徒のすがた

解答例

(1)　ア（誤答）
(2)　カ（正答）
(3)　選んだ考え：ひかるさんの考え
　　選んだ理由：なぎささんの考えでは証明できないから。

評価（判断）の理由

・(2) に正答したうえで，(3) でひかるさんの考えを選択し，理由の記述で2人の考えを比較しようとしていればB評価とする（表現不十分を許容する）。

A評価の生徒のすがた

解答例

(1)　ウ（正答）
(2)　カ（正答）
(3)　選んだ考え：ひかるさんの考え
　　選んだ理由：なぎささんの考えでは，AC＝DBの条件が必要になるが，根拠となる事柄がない。ひかるさんの考えの∠AOC＝∠DOBのほうは，対頂角は等しいから示すことができる。したがって，ひかるさんの考えを使う。

評価（判断）の理由

・(1)，(2) に正答したうえで，(3) でひかるさんの考えを選択し，理由の記述で2人の考えを比較し，「なぎささんの考えでは根拠となる事柄が足りない」といった理由から消去法で証明の方針を考えていれば，A評価とする。

Cの学習状況に対する指導・支援の手だて

・(2) で「カ」を選択していない生徒は，「2組の辺とその間の角がそれぞれ等しい」の合同条件を使うために，もう1つの条件，「その間の角」が等しいことがいえればよいことに気付かないまま，単に等しくみえる辺や角を選択した可能性がある。

・(1) の解答状況も踏まえて，三角形の合同条件について確認する。そのうえで，ひかるさんとなぎささんのどちらの考えを使うかは，根拠となる事柄の有無から消去法で選択する必要があることを再確認する。

・2つの三角形の合同条件を示す活動について，複数の問題を通して次第に理解を深められるようする。その際に，以下のような証明問題の図を扱い，今後の学習を見通せるようにする。

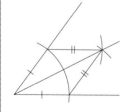 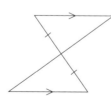 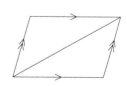

留意点　複数の問題を通して生徒の変容を見取り，自らの学習を調整しながら粘り強く考えている様子がみられれば，主体的に学習に取り組む態度の観点で「証明のよさを実感して粘り強く考えようとしている」についてあわせて評価することも考えられる。

三角形や平行四辺形の基本的な性質を論理的に確かめる

本時の評価規準

知識・技能	思考・判断・表現	主体的に学習に取り組む態度
	❷ 三角形の合同条件などをもとにして三角形や平行四辺形の基本的な性質を論理的に確かめたり，証明を読んで新たな性質を見いだしたりすることができる。	

学びを深めるゴール問題

　本時では，平行四辺形の性質の逆を考えて「対角線がそれぞれの中点で交わる四角形は，平行四辺形である」ことを証明する。ここでは，既習の平行線の性質，三角形の合同条件などをもとにして，演繹的に推論することによって三角形や平行四辺形の基本的な性質や条件について考察し，図形についての理解を深めるとともに，論理的に確かめ表現する力を養う。

　証明問題が続く単元だからこそ，練習問題の1問を評価問題として位置付け，生徒の状況を見取る。このことを事前に意図し，単元の指導と評価の計画において，仮定や結論を図形記号を使って表すことや，証明の方針を立てることなどについて，生徒の学習状況を形成的評価で見取り，都度支援を行い，なるべく多くの生徒が自信をもって評価問題に取り組めることができるようにしたい。

　本問題では，まずは生徒が自力解決している状況を見取り，そのうえで「AB∥DC，AD∥BC」という結論を示すためにはどのような条件が必要か，その条件を問題から見いだせそうか，仮定を踏まえ，あと1つどのような条件があれば，三角形の合同を示すことができるかなど，証明の方針を立てることについて話し合い，あらためて同じ問いについて考えさせ，その状況を再び見取る。

評価問題例

四角形について
「対角線がそれぞれの中点で交わる四角形は，
平行四辺形である」
ことを，右の図の四角形 ABCD で証明しなさい。

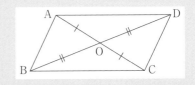

B評価の生徒のすがた

解答例

△AOD と △COB において
　仮定より，OA＝OC，OD＝OB
　対頂角は等しいから，∠AOD＝∠COB
2組の辺とその間の角がそれぞれ等しいから
　△AOD≡△COD　…①
合同な図形の対応する角は等しいから
　∠ADO＝∠CBO

錯角が等しい二直線は平行なので,
　　AD∥BC　…②
　　同様にして, AB∥CD
したがって,
　　対角線がそれぞれの中点で交わる四角形は,
　　平行四辺形である。　…③

評価（判断）の理由

・話し合い活動の後に, 証明の筋道を立てて考えていることが読み取れればB評価とする（表現不十分を許容する）。

A評価の生徒のすがた

解答例

　　仮定：OA＝OC, OB＝OD
　　結論：AD∥BC, AB∥CD
　　AD∥BCを示すためには, 錯角（∠ADO＝∠CBO）が等しいことを示せばいい。　…①
　　∠ADO＝∠CBOを示すためには, △AODと△COBが合同であることを示す。　…②
　　仮定からOA＝OC, OB=ODがわかっている。　…③
　　あとは∠AOD＝∠COBがいえれば, 2組の辺とその間の角がそれぞれ等しいことがいえる。　…④

評価（判断）の理由

・自力解決の段階で仮定や結論などを記号を使って表すことや, 証明の方針を立てていればA評価とする。

Cの学習状況に対する指導・支援の手だて

・証明の方針を立てることができたか, 証明の記述について見通しをもっているかなどについて, 図を見ながら口述する活動を取り入れ, 口述から記述へ移行する。

・生徒が, 仮定や結論を記号を使って表すことにつまずいている場合は, 仮定と結論を記号を使って表す活動を振り返り, 再度証明の方針を立てる話し合い活動を取り入れる。

一次関数

単元の学習目標 一次関数の変化や対応の特徴を見いだし，表，式，グラフを相互に関連付けて考察し表現できるようになろう

単元でめざす生徒の成長のイメージ

表・グラフなど，問題文の情報が多すぎて，何を読み取ればいいかわからないよ。

今までバラバラに見えていた表，式，グラフが，こんなふうに関係しているってわかってきた。

評価のポイントとなる2場面と指導の手だて

　一次関数の単元では，具体的な事象における2つの数量の変化や対応に関数関係を見いだす力，その関数関係を文字を用いた式を使って考察し表現することができる力を育てたい。

　ここでは，関数関係を考察するツールとして，グラフを式や表と相互に関連付けながら活用できる力を育む。生徒が表，式，グラフを統合して一体的に捉えられるように，単元の学習活動を工夫した。

　評価場面1は，切片が座標平面上にないグラフの式を求める問題を扱う。これまで学んだ方法を用いて多様な解決ができることから，解決方法の交流を通して理解を深めさせたい。

　評価場面2は，日常の場面から事象を数学化して考察する問題に取り組む。表，式，グラフを関数関係を捉えるツールとして一体的に捉え活用する力が身に付いたかどうかを見取り，記録に残す評価として扱う。

単元の評価規準

知識・技能	思考・判断・表現	主体的に学習に取り組む態度
❶ 一次関数について理解している。	❶ 一次関数として捉えられる2つの数量について，変化や対応の特徴を見いだし，表，式，グラフを相互に関連付けて考察し表現することができる。	❶ 一次関数のよさを実感して粘り強く考えようとしている。
❷ 事象の中には一次関数として捉えられるものがあることを知っている。		❷ 一次関数について学んだことを生活や学習に生かそうとしている。
❸ 二元一次方程式を関数を表す式とみることができる。	❷ 一次関数を用いて具体的な事象を捉え考察し表現することができる。	❸ 一次関数を活用した問題解決の過程を振り返って評価・改善しようとしている。
❹ 一次関数の変化の割合やグラフの切片と傾きの意味を理解している。		
❺ 一次関数の関係を表，式，グラフを用いて表現したり，処理したりすることができる。		

指導と評価の計画

次	学習の流れ （◎）学習内容　　（・）学習活動	おもな評価規準 ●：記録に残す評価 ○：記録に残さない評価
1	◎ **事象と一次関数**（第1～2時） ・一次関数の意味を知り，yをxの式で表して，yはxの一次関数であるかどうかを調べる。 ・具体的な事象の中のx, yについて一次関数であるかを考察する。	知① 主❶ 知② 主③
2	◎ **一次関数の表，式，グラフとそれらの相互関係**（第3～10時） ・一次関数の変化と対応の特徴を見いだし，表，式，グラフを相互に関連付けながら捉える。 ・条件を満たす一次関数の式を求める。【評価場面❶】	知④ 思① 知⑤
3	◎ **二元一次方程式を関数を表す式とみること**（第11時～14時） ・二元一次方程式のグラフと一次関数のグラフの関係について考察する。 ・連立方程式の解とグラフの交点の関係について考察する。	知③ 思① 知⑤ 思②
4	◎ **一次関数を用いて具体的な事象を捉え考察し表現すること**（第15時～18時） ・身のまわりの事象を一次関数とみなして，表，式，グラフを用いて事象を捉え考察し表現する。【評価場面❷】 ・一次関数の性質を活用した問題解決の過程を振り返り，評価・改善する。	 思❷ 主② 主❷❸
テスト	・一次関数の表，式，グラフの関係を一体的に捉え理解しているかなどの知識および技能の状況を評価する。（知❶❷❸❹❺） ・一次関数を用いて具体的な事象を捉え考察し表現する問題を出題し，思考力，判断力，表現力等の状況を評価する。（思❶❷）	

条件を満たす一次関数の式を求める

評価規準

	知識・技能	思考・判断・表現	主体的に学習に取り組む態度
⑤	一次関数の関係を表，式，グラフを用いて表現したり，処理したりすることができる。		

授業づくり（形成的な評価）のポイント

　一次関数の表，式，グラフとそれらの相互関係について，グラフから傾きと切片を読み取って一次関数の式を求めることや，「傾きと1点の座標」や「変化の割合と1組のx，yの値」「2点の座標」「2組のx，yの値」など，与えられた条件を満たす一次関数の式を求めることを学習する。これらの方法を別々に捉えるのではなく，表，式，グラフを相互に関連付けながら，さまざまな方法で解決できるようにすることが大切である。

学びを深めるゴール問題

　学習指導にあたっては，練習問題の1問として，多様な求め方ができる本問題を評価問題として取り上げ，生徒の学習状況を見取る。

　生徒にとって，本問題は情報過多な状況であるため，グラフから何を読み取れば直線の式を求めることができるのか，見通しをもてるようにすることが大切である。格子点の2点の座標を読み取れば，式や表と関連付けて解決できるが，「どの2点の座標を読み取ればよいのか？」のように悩んでしまう生徒もいる。このような生徒のつまずきを生かして授業を展開するようにしたい。

　目的は，直線の式を求めることではなく，その求め方を説明することなので，生徒の状況に応じて早めに直線の式を明らかにしてしまう展開も考えられる。そのうえで，「グラフの切片と傾きを読み取る方法がいつでも使えるか」と投げかけ，これまで学んだ直線の式の求め方が使えないかという視点で考えさせたい。

　なお，連立方程式を用いて代数的に処理する方法には，形式的に処理できるという数学的なよさがあるが，そのようにして求めたa，bの値の意味について，本問題を通して見方を豊かにさせたい。

評価問題例

　右の図の直線の式を求めるには，どのようにすればよいですか。
　直線の式の求め方を考え，説明しなさい。

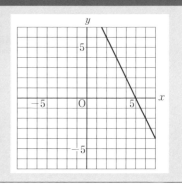

B評価の生徒のすがた

解答例

・2点 $(2, 6)$, $(3, 4)$ を通る直線なので，$y=ax+b$ の式に，$x=2$, $y=6$ と $x=3$, $y=4$ を代入し，連立方程式を解いて a, b の値を求めればよい。

・2点 $(2, 6)$, $(5, 0)$ を通る直線なので，x の増加量が3，y の増加量が -6 で，傾きは -2。
$y=-2x+b$ に，一方の座標の $x=2$, $y=6$ を代入して b の値を求めればよい。

評価（判断）の理由

・切片の座標が読み取れない直線について，格子点の2点の座標に着目して，直線の式の求め方を記述していればB評価とする。

A評価の生徒のすがた

解答例

2点 $(2, 6)$, $(3, 4)$ を通る直線なので，右の表のように，変化の割合は -2 で，そこから，$x=1$, $x=0$ のときの y の値を調べて，b の値を求めればよい。

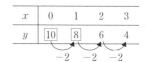

評価（判断）の理由

・格子点の座標を読み取り表に整理して，$x=0$ のときの y の値を読み取り，直線の式を求めるなど，表，式，グラフを相互に関連付けて直線の式の求め方を説明していればA評価とする。

Cの学習状況に対する指導・支援の手だて

・グラフからどの2点の座標を読み取ればよいのかでつまずく生徒には，どの2点の座標を使っても，同じ式が求められることを確認する。

・また，切片が読み取れる場合の直線の式の求め方について振り返るとともに，本問題では，切片が読み取れないが，「切片がないわけではない」ことを確認し，右の図のように，グラフを延長すれば，切片がどのあたりになるか見当がつけられそうだというアイデアも引き出したい。

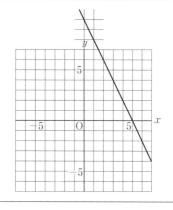

身のまわりの事象を一次関数とみなして，表，式，グラフを用いて事象を捉え考察し表現する

本時の評価規準

知識・技能	思考・判断・表現	主体的に学習に取り組む態度
	❷ 一次関数を用いて具体的な事象を捉え考察し表現することができる。	

生徒のつまずきを明らかにする確認問題

授業の導入で，以下のような問題場面を提示する。

評価問題例

　ある公園の街頭は，花壇の中に設置されています。もえさんは，花壇の端からの距離によって，できる影の長さが変わることに気づきました。

　右の図1は，影ができる様子を真横からみたものです。

　次の表1と表2は，もえさんとお父さんの花壇からの距離と影の長さを測定し，まとめたものです。この結果から，花壇からの距離に対する影の長さは一定の割合で変化することがわかりました。

　また図2は，花壇からの距離を xm，影の長さを ym とするとき，もえさん，お父さんのそれぞれの x と y の関係をグラフに表したものです。

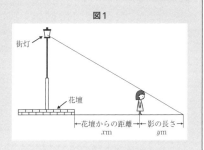

図1

表1:もえさんの計測結果

花壇からの距離 (m)	0	1	2	3
影の長さ (m)	0.8	1.2	1.6	2.0

表2:お父さんの計測結果

花壇からの距離 (m)	0	1	2	3
影の長さ (m)	1.0	1.5	2.0	2.5

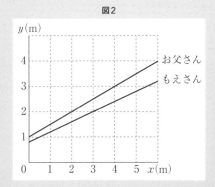

図2

　お父さんが花壇から2.4m離れた位置に立っています。もえさんは，自分とお父さんの影の長さが等しくなるのは，自分が花壇から何m離れたところに立っているときかを調べてみようと考えました。

　もえさんが花壇から何m離れたところに立ったとき，もえさんとお父さんの影の長さが等しくなるかを調べるには，図2のグラフのどこの部分をみればよいか，図に示しなさい。

B評価の生徒のすがた

解答例

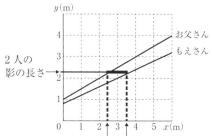

2人の
影の長さ →

2.4m（お父さんが立っている位置）求める花壇からの距離（もえさんが立つ位置）

評価（判断）の理由

・図2のお父さんのグラフ上の $x=2.4$ のときの点を通る x 軸に平行な直線を引き，もえさんのグラフとの交点の x 座標が，求めたい花壇からの距離であることを示していればB評価とする。

Cの学習状況に対する指導・支援の手だて

・グラフを用いることで，数量関係を視覚的にとらえやすくなる。問題場面をグラフと結び付けて解釈できるように，次の視点で段階的に気付けるよう支援する。
　①　お父さんが立っている位置を表す点
　②　①のときのお父さんの影の長さ
　③　もえさんの影の長さが②と等しいときのもえさんの立っている位置
そのうえで，③の座標がグラフから正確に読み取れないことから，グラフを式で表して求める必要があることに気付くようにしたい。

学びを深めるゴール問題

　その後，関数関係に着目させる以下の問題でさらに生徒の状況を見取る。

評価問題例

(1) もえさんが花壇から何 m 離れたところに立っているとき，花壇から 2.4m 離れた位置に立っているお父さんと影の長さが等しくなるか答えなさい。

(2) お父さんともえさんが同じ位置に立っているとき，2 人の影の長さの差がちょうど 1m になるのは，2 人が花壇から何 m 離れた位置にいるときか答えなさい。また，どのように求めたのか説明しなさい。

A評価の生徒のすがた

解答例

(1) 3.5m

(2) ・$(0.5x+1)-(0.4x+0.8)=1$ 　これを解いて，$x=8$（m）なので，花壇から8m離れた位置にいるとき。
　・花壇からの距離を x m，影の長さの差を y mとすると，$y=0.1x+0.2$ となるから，$y=1$ を代入して，$x=8$。以上のことから答えは，花壇から8m離れた位置にいるとき。
　・影の差を以下のように表に整理する。表を読み取ると，答えは花壇から8m離れた位置にいるとき。

距離	0	1	2	3	4	5	6	7	8
差	0.2	0.3	0.4	0.5	0.6	0.7	0.8	0.9	1

評価（判断）の理由

・(1) (2)でグラフや表から式を求め，目的の数値を求めていればA評価とする。

データの分布

単元の学習目標 四分位範囲や箱ひげ図の必要性と意味を理解し，データの分布の傾向を比較して読み取り，批判的に考察し判断できるようになろう

単元でめざす生徒の成長のイメージ

単元の導入

箱ひげ図って必要？　1年生のときに使ったヒストグラムと，なにが違うの？

単元学習後

箱ひげ図は，中央値がわかりやすくて複数のデータを比較する場合に便利だなぁ。

評価のポイントとなる2場面と指導の手だて

　第2学年のデータの分布の単元では，第1学年で学習したヒストグラムや相対度数に加えて，四分位範囲や箱ひげ図を学習する。複数の集団のデータの分布に着目し，その傾向を比較して読み取り，批判的に考察して判断する力を身に付けさせたい。

　第1学年で学習したヒストグラムは，分布の形はわかりやすい一方で，中央値などの指標がわかりづらい。そこで，複数のデータの分布を比較する際は，最小値と最大値，すべてのデータのうち真ん中に集まる約半数のデータの位置が視覚的に比較しやすい統計的な表現として，箱ひげ図があることを学習する。一方で，収集したデータを整理して，箱ひげ図やヒストグラムに表すことで失われる情報があることにも留意し，単元の学習活動を工夫したい。

　評価場面1は，日常の事象を題材にした問題を取り扱う。野球チームの打率を分析するという目的のもと，収集したデータを箱ひげ図で表すことで読み取れるようになることをねらいとしている。

　評価場面2は，第1学年の学習内容（平成24年度全国学力・学習状況調査中学校数学B③のヒストグラムを用いた問題）と関連付けて，2人のスキージャンプの選手の記録について検討する。箱ひげ図に表すことで比較して読み取った結果を，統計的な指標を用いて数学的に表現することをねらいとしている。

単元の評価規準

知識・技能	思考・判断・表現	主体的に学習に取り組む態度
❶ 四分位範囲や箱ひげ図の必要性と意味を理解している。 ❷ コンピュータなどの情報手段を用いるなどしてデータを整理し箱ひげ図で表すことができる。	❶ 四分位範囲や箱ひげ図を用いてデータの分布の傾向を比較して読み取り，批判的に考察し判断することができる。	❶ 四分位範囲や箱ひげ図のよさを実感して粘り強く考えようとしている。 ❷ データの分布について学んだことを生活や学習に生かそうとしている。 ❸ 四分位範囲や箱ひげ図を活用した問題解決の過程を振り返って評価・改善しようとしたり，多様な考えを認め，よりよく問題解決しようとしたりしている。

指導と評価の計画

次	学習の流れ （◎）学習内容　　（・）学習活動	おもな評価規準 ●：記録に残す評価 ○：記録に残さない評価
1	◎　四分位範囲や箱ひげ図の必要性と意味（第1，2時） ・複数のデータについてコンピュータなどの情報手段を用いてデータを整理する。	知①②　主①
	・四分位範囲や箱ひげ図の必要性と意味を理解する。【評価場面❶】	知①
2	◎　四分位範囲や箱ひげ図を用いてデータの分布の傾向を比較して読み取り，批判的に考察し判断したことを説明すること（第3時）	
	・四分位範囲や箱ひげ図を用いてデータの分布の傾向を比較して読み取り，批判的に考察し判断する。【評価場面❷】	思❶　主③
3	◎　統計的な問題の解決方法で考えること（第4，5時） ・「年々岩手県の気温は高くなっているのか」について必要なデータを収集し，コンピュータなどを利用してデータを整理し，四分位範囲を求めたり箱ひげ図で表したりして複数のデータの傾向を比較して読み取り，その結果をもとに説明する。	知❷　思❶　主❶❷❸
テスト	・四分位範囲や箱ひげ図の必要性と意味を理解しているかなどの知識および技能の状況を評価する。（知❶❷） ・四分位範囲や箱ひげ図を用いてデータの分布の傾向を比較して読み取り，批判的に考察し判断したことを表現する問題を出題し，思考力，判断力，表現力等の状況を評価する。（思❶）	

四分位範囲や箱ひげ図の必要性と意味を理解する

評価規準

知識・技能	思考・判断・表現	主体的に学習に取り組む態度
① 四分位範囲や箱ひげ図の意味を理解している。		

授業づくり（形成的な評価）のポイント

　箱ひげ図は，データの中に，極端にかけ離れた値が1つでもあると最大値や最小値が大きく変化し，範囲が影響を受ける一方で，四分位範囲はその影響をほとんど受けないという性質をもつ。箱の大きさやひげの長さがデータによって異なるため，データの個数が変わると誤解する生徒もいる。複数のデータの分布を比較する際に，箱ひげ図を用いることで，すべてのデータのうち中央値を中心とする約半数の散らばり度合いを四分位範囲が表現していることを理解できるようにする。

　授業の導入では，箱ひげ図とドットプロットを並べて示し，データの傾向と散らばりについて確認する。また，箱ひげ図で表すことで，分布の形などの情報が失われることにも留意し，必要に応じてヒストグラムと関連付けて考察できるようにすることが大切である。

生徒のつまずきを明らかにする確認問題

　本時の問いを「プロ野球のチームを分析しよう」とし，さまざまな視点のデータを集め，分析する活動を設定する。本時では，打率や防御率といった指標をもとに調べていくなかで，複数のデータを比較するにはヒストグラムでは比べにくいことから，箱ひげ図を用いて表す必要性や意味を実感できるようにする。

　授業の終末では，以下の評価問題を提示し，箱ひげ図や四分位範囲の意味を理解しているかを見取る。

評価問題例

　プロ野球のチームを分析するために，2022年のパリーグ 61 選手（規定打席×0.5 以上の選手）の打率データを調べました。

　そして，それぞれのチームデータの散らばりの程度を比較するために右のような箱ひげ図を作りました。

　＜参考＞プロ野球データ Freak　https://baseball-data.com

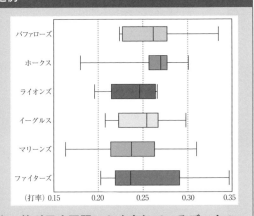

　ホークスとライオンズのデータ総数はどちらも同じですが，箱ひげ図の箱は，ライオンズのほうがホークスより大きくなりました。このとき，箱が示す区間にふくまれているデータの個数について正しく述べたものを，下のアからエまでの中から 1 つ選びなさい。

> **ア**　箱が示す区間にふくまれているデータの個数は，ホークスのほうがライオンズより多い。
>
> **イ**　箱が示す区間にふくまれているデータの個数は，ホークスのほうがライオンズより少ない。
>
> **ウ**　箱が示す区間にふくまれているデータの個数は，ホークスとライオンズで等しい。
>
> **エ**　箱が示す区間にふくまれているデータの個数は，ホークスとライオンズのどちらが多いか，この箱ひげ図だけではわからない。

B評価の生徒のすがた

解答例

ウ

評価（判断）の理由

・「ウ」を選択していればB評価とする。

Cの学習状況に対する指導・支援の手だて

・データの個数によってグラフの長さが変わるヒストグラムと比較して，箱ひげ図は，混み具合を表す範囲を箱の大きさやひげの長さによって表しているという表し方の違いやよさについて検討する場面を設定する。

・データの傾向と散らばりについて確認するために，以下のようなドットプロットと箱ひげ図を並べて示し，箱ひげ図の箱が大きいほうやひげが長いほうがデータの個数が多いと考える生徒の誤解を引き出して考えを修正する話し合い活動を取り入れる。

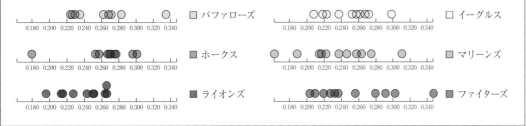

学びを深めるゴール問題

　さらに，以下のように，箱ひげ図からデータの散らばり具合に着目して特徴を捉えることができるかを，学習活動やレポートなどで見取る。生徒の状況に応じて，箱ひげ図のひげの長さによってデータの個数が変わるのかどうかについて生徒に出題することも考えられる。

評価問題例

６つのチームの中から１つのチームを選び，箱ひげ図からわかることを述べなさい。

A評価の生徒のすがた

解答例

　ホークスは，中央値を含む約半数のデータがおよそ0.25から0.30の間に集まっていて，データの散らばりが少ないことがわかる。

評価（判断）の理由

・箱ひげ図からデータの分布の傾向を正しく読み取り，数学的に表現していればA評価とする。

四分位範囲や箱ひげ図を用いてデータの分布の傾向を比較して読み取り，批判的に考察し判断する

本時の評価規準

知識・技能	思考・判断・表現	主体的に学習に取り組む態度
	❶ 四分位範囲や箱ひげ図を用いてデータの分布の傾向を比較して読み取り，批判的に考察し判断することができる。	

生徒のつまずきを明らかにする確認問題

　本時のねらいは，四分位範囲や箱ひげ図を用いて，複数の集団のデータの分布の傾向を比較して読み取り，批判的に考察したり判断したことを説明できるようにすることである。

　授業の導入で，以下の問題を提示し，生徒の学習状況を見取る。

　これは，平成24年度全国学力・学習状況調査中学校数学B③「スキージャンプ」の問題を参考に，箱ひげ図で表したものである。第1学年では，ヒストグラムを用いてデータの分布の傾向を読み取り，批判的に考察し判断することを学習している。そこで，第1学年で学習した題材を，箱ひげ図で表した際に，それぞれの特徴を読み取り，比較したことを説明できるかどうかを生徒の記述から見取る。

　問題文の表から船木選手の特徴をデータの散らばり具合に着目して「安定している」と述べる生徒が一定数いると考えられる。「範囲が小さく，最小値が小さい」などと統計的な指標を適切に用いて表現できるように，箱ひげ図を用いて最小値や最大値，中央値，四分位範囲などの指標に着目して特徴を説明できるようにしたい。

　学習指導にあたっては，2人の選手の箱ひげ図の特徴を比較し，それぞれの分布の様子を読み取ったうえで，最大値や最小値，範囲や四分位範囲，箱の位置などといった統計的な指標を用いて説明することが大切である。また，分布の様子を詳しくみるために，ヒストグラムを示して最頻値や累積度数，分布の傾向を比較するなど多面的に吟味できるようにする。

評価問題例

　右の箱ひげ図は，1998年シーズンの長野オリンピックまでのいくつかの国際大会で，スキージャンプ競技の原田選手と船木選手の2人が飛んだ距離の記録をまとめたものです。

　次の1回でより遠くへ飛びそうな選手を選ぶとすると，あなたはどちらの選手を選びますか。
　2人の箱ひげ図の特徴を比較して説明しなさい。どちらの選手を選んで説明してもかまいません。

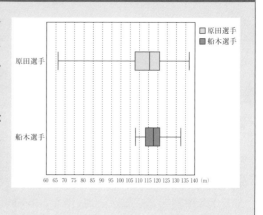

B評価の生徒のすがた

解答例

・原田選手の最大値が135m以上と，船木選手と比べて大きいことから原田選手を選びます。

・船木選手の方が原田選手よりも箱ひげ図の箱が小さく，中央値が大きいからデータの散らばりが少ないので船木選手を選びます。

評価（判断）の理由

・箱ひげ図から最大値や最小値，範囲や四分位範囲などに着目して，2人の選手の特徴を比較して述べていればB評価とする。

Cの学習状況に対する指導・支援の手だて

・箱ひげ図から読み取れる特徴について統計的な指標を用いて数学的な表現に修正する話し合い活動を取り入れる。例えば「安定している」という表現を取り上げ，具体的に箱ひげ図の中でどの指標に着目したのかを話し合う。

・ヒストグラムを提示し，箱ひげ図で読み取った特徴がヒストグラムではどのように表されているのかを考えさせ指導を行う。

学びを深めるゴール問題

　授業の終末では，本時の学習を振り返り，以下の評価問題で生徒の学習状況を見取る。

評価問題例

　　原田選手と船木選手の2人の飛んだ距離の記録を比較するとき，箱ひげ図とヒストグラムで特徴を読み取る際に，それぞれどんなことが読み取りやすいか説明しなさい。

A評価の生徒のすがた

解答例

・ヒストグラムは分布の様子や最頻値の特徴が読み取りやすい。

・2人の飛んだ回数が違うときは，ヒストグラムよりも箱ひげ図で比べるほうがよい。

・箱ひげ図は，中央値が必ず示されるけれども，ヒストグラムはおおよそにしかわからない。

・箱ひげ図は，箱の大きさで中央値を含む半数のデータがどの位置にあるのかが読み取りやすい。

評価（判断）の理由

・箱ひげ図に表したときと，ヒストグラムに表したときを比較して，それぞれの表し方の特徴を整理していればA評価とする。

不確定な事象の起こりやすさ

単元の学習目標 場合の数をもとにして得られる確率の必要性と意味を理解し，確率の求め方を考察し表現できるようになろう

単元でめざす生徒の成長のイメージ

単元の導入 実際に行ったデータがない事象でも確率を計算できるの？　それって信頼できるのかな。

単元学習後 実際に試さなくても，場合の数をもとにして確率を求められるようになったよ。

評価のポイントとなる2場面と指導の手だて

　第1学年で学習した多数回の試行によって得られる確率（統計的確率）と，第2学年の場合の数をもとにして得られる事象の確率（数学的確率）について，単元の学びをどのように接続すればよいのだろうか。また，第3学年の標本調査につなげるためには何を意識して指導すればいいのだろうか。

　第1学年では，多数の観察や多数回の試行の結果をもとにして，不確定な事象の起こりやすさの傾向を読み取り，表現することを学習した。第2学年では，これらの学習のうえに立ち，同様に確からしいことに着目し，確率を求める方法を考察するとともに，確率を用いて不確定な事象を捉え考察し表現することができるようにした。また，第3学年で，確率の学習を前提としながら，母集団の一部を標本として抽出して調べ，母集団の傾向を読み取ることを見通しておく必要がある。

　評価場面1は，第1学年での多数の観察や多数回の試行の結果をもとにして得られる確率と関連付けて，場合の数をもとにして得られる確率の必要性と意味を理解しているかについて選択式で問い，理解状況を把握し，形成的評価につなげる。

　評価場面2は，単元全体の学びを活用する。場合の数をもとにして得られる確率を用いて，不確定な事象に関する問題解決に取り組み，ワークシートやレポート等の記述の内容を記録に残す評価として扱う。

単元の評価規準

知識・技能	思考・判断・表現	主体的に学習に取り組む態度
❶ 多数の観察や多数回の試行によって得られる確率と関連付けて，場合の数をもとにして得られる確率の必要性と意味を理解している。 ❷ 簡単な場合について確率を求めることができる。	❶ 同様に確からしいことに着目し，場合の数をもとにして得られる確率の求め方を考察し表現することができる。 ❷ 確率を用いて不確定な事象を捉え考察し表現することができる。	❶ 場合の数をもとにして得られる確率のよさに気付いて粘り強く考えようとしている。 ❷ 不確定な事象の起こりやすさについて学んだことを生活や学習に生かそうとしている。 ❸ 確率を活用した問題解決の過程を振り返って評価・改善しようとしている。

指導と評価の計画

次	学習の流れ （◎）学習内容　　（・）学習活動	おもな評価規準 ●：記録に残す評価 ○：記録に残さない評価
1	◎　確率（第1～6時） ・多数回の試行によって得られる確率と関連付けて，場合の数をもとにして得られる確率の意味について考える。【評価場面❶】 ・さまざまな問題について，同様に確からしいことに着目し，樹形図や表を使って確率を求め，それぞれの方法のよさを比較し，説明する。	知① 知①②　思①　主❶
2	◎　確率による説明（第7～9時） ・樹形図や表を利用して，不確定な事象の問題について，確率を用いて説明する。【評価場面❷】	思❷　主❷❸
テスト	・場合の数をもとにして得られる確率の意味などについて選択式で出題し，意味理解の状況を評価する。（知❶❷） ・同様に確からしいことに着目し，場合の数をもとにして得られる確率を求める方法の説明や，具体的な事象について確率を用いて考えたり判断したりする問題を出題し，思考力，判断力，表現力等の状況を評価する。（思❶❷）	

多数回の試行によって得られる確率と関連付けて，場合の数をもとにして得られる確率の意味について考える

評価規準

知識・技能	思考・判断・表現	主体的に学習に取り組む態度
① 多数の観察や多数回の試行によって得られる確率と関連付けて，場合の数をもとにして得られる確率の必要性と意味を理解している。		

授業づくり（形成的な評価）のポイント

　確率を求めるには，実際に多数回の試行をするよりも，場合の数に基づいて考えた方が，時間も労力も節約できる。その反面，不確定な事象について何がわかるのかという確率本来の意味が見失われてしまいやすい。本時では，場合の数をもとにして得られた確率について，第1学年で実際に行ったように多数回の試行をもとにして確率を求めた確率と関連付けて，求めた確率の意味について実感を伴って理解できるようにすることが大切である。

生徒のつまずきを明らかにする確認問題

　授業では，第1学年の学習を踏まえ，1つのさいころを投げて1の目が出る確率について，さいころを投げる実験を通して相対度数を調べ，「同様に確からしい」ことや場合の数をもとにして確率を求めることができる事象があることについて学習する。

　そして授業の終末で以下の評価問題を提示し，生徒の学習状況を見取る。

　本単元では，確率を求めて考える活動が多いので，ワンパターンにならないように，時折このように意味理解を忘れないような問題を用意したい。なお，生徒の理解状況を把握するために，小テストや単元テストを行う際には，文部科学省の学びの保障オンライン学習システム（MEXCBT）等を活用して，全国学力・学習状況調査など，国や地方自治体の公的機関等が作成した問題を取り入れ，その結果を評価の材料とすることもできる。生徒1人1台タブレットを活用して，問題作成や印刷等の負担を軽減するようにしたい。

評価問題例

　硬貨を投げて表が出る確率を求めます。硬貨には，表と裏の2通りあり，どちらが出ることも同様に確からしいとき，「硬貨を投げて表が出る確率は $\frac{1}{2}$ である」といえます。

　この硬貨を投げる実験を多数回繰り返し，表の出る相対度数を調べます。このとき，相対度数の変化の様子はどのようになりますか。次のアからエまでの中に正しいものが1つあります。それを選びなさい。

　　ア　硬貨を投げる回数が多くなるにつれて，表の出る相対度数のばらつきは小さくなり，その値は1に近づく。

イ　硬貨を投げる回数が多くなるにつれて，表の出る相対度数のばらつきは小さくなり，その値は 0.5 に近づく。
ウ　硬貨を投げる回数が多くなっても，表の出る相対度数のばらつきはなく，その値は 0.5 で一定である。
エ　硬貨を投げる回数が多くなっても，表の出る相対度数の値は大きくなったり小さくなったりして，一定の値には近づかない。

B評価の生徒のすがた

解答例

イ

評価（判断）の理由

・「イ」を選択していればB評価とする。

Cの学習状況に対する指導・支援の手だて

・「ウ」を選択した生徒は，「硬貨を投げて表が出る確率は $\frac{1}{2}$ である」ことを，「硬貨を1000回投げると，表が必ず500回出る」などと確定的に捉えている可能性がある。確率とは不確定な事象を捉え考察するためのものであることを，具体的な例をあげて，再確認する。

学びを深めるゴール問題

　第2学年では，場合の数をもとにして確率を求める学習が多くなり，取り上げる事象が同様に確からしいものばかりになる。そこで，以下の問題を提示し，生徒の状況を見取る。

評価問題例

　日本の子どもの遊びで，「明日天気になぁれ〜♪」と歌いながら，靴を飛ばし，図のように，地面に落ちた靴の向きによって，天気を占うことがある。
　「靴を飛ばしたとき，地面に落ちた靴の向きは，晴れ・くもり・雨の3通りだから，晴れになる確率は $\frac{1}{3}$ である」
といってよいか。また，その理由を説明しなさい。

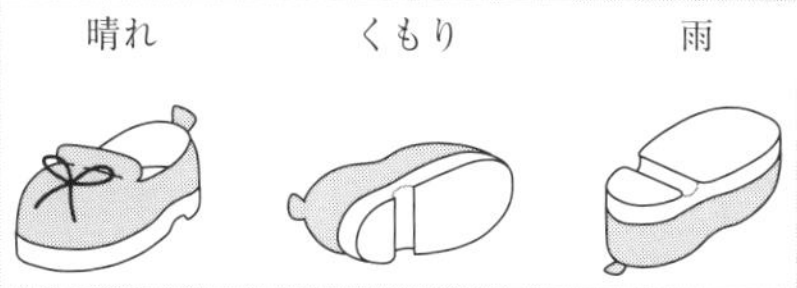

晴れ　くもり　雨

A評価の生徒のすがた

解答例

　靴を飛ばしたとき，地面に落ちた靴の向きが，晴れ，くもり，雨のどの向きになるかは，同様に確からしいとはいえないので，「靴を飛ばしたとき，地面に落ちた靴の向きが，晴れになる確率は $\frac{1}{3}$ である」とはいえない。多数回の実験を行って，相対度数を調べる必要がある。

評価（判断）の理由

・場合の数をもとにして確率を求めてよいかについて，現実の事象を「同様に確からしい」といえるかに着目して判断していればA評価とする。

樹形図や表を利用して，不確定な事象の問題について，確率を用いて説明する

本時の評価規準

知識・技能	思考・判断・表現	主体的に学習に取り組む態度
	❷ 確率を用いて不確定な事象を捉え考察し表現することができる。	

生徒のつまずきを明らかにする確認問題

　授業の導入では，偶然に左右される不確定な事象として，「グー・チョキ・パー」が書かれたカードを使った「ジャンケンゲーム」を提示する。3枚のカードから1枚取り出し，2人でジャンケンをすると，勝つ・負ける・あいこの確率はそれぞれ $\frac{1}{3}$ であり，2人が勝つ確率が等しくなる。このことを二次元表や樹形図を用いて説明できるように，形成的評価を行いながら指導をする。

　授業の中盤からは，このことを踏まえて「問題の条件の一部を変えても，勝つ確率は等しいか」と発展的に考える活動を取り入れる。そのなかの1問として，以下のような評価問題で生徒の学習状況を見取る。

　本問題を提示し，実際に試行したり直観的に予想したりしてから，樹形図や二次元の表などを用いて確率を比較できるようにすることが考えられる。

評価問題例

　ゆいさん，はるとさんは「グー・チョキ・パー」のカードを持っています。
2人がカードを1枚交換したら，ゆいさんのカードは「チョキ・チョキ・パー」，はるとさんのカードは「グー・グー・パー」になりました。
　2人がカードを裏返してよくきって，そこからランダムに1枚取り出してジャンケンを1回します。どのカードの出方も同様に確からしいとき，2人の勝つ確率について正しく述べているものを，アからウの中から1つ選びなさい。また，それを選んだ理由を説明しなさい。

ア　ゆいさんが勝つ確率が大きい
イ　はるとさんが勝つ確率が大きい
ウ　2人の勝つ確率は等しい

B評価の生徒のすがた

解答例

ウ

　表に整理すると，右のようになる。

　起こりうる場合は全部で9通りあり，どの場合が起こることも同様に確からしい。このとき，ゆいさんが勝つ場合は4通り，はるとさんが勝つ場合も4通りあり，それぞれが勝つ確率は $\frac{4}{9}$ である。したがって，2人が勝つ確率は等しい。

		Aゆい		
		チョキ	チョキ	パー
B は る と	グー	B	B	A
	グー	B	B	A
	パー	A	A	△

評価（判断）の理由

・樹形図や二次元表を用いて確率を求めて2人の勝つ確率が等しいことを説明できていればB評価とする。

Cの学習状況に対する指導・支援の手だて

・問題場面を理解できているかを確認するため，2人でジャンケンを実際に行う。

・樹形図や二次元の表を用いて調べられるように支援する。

学びを深めるゴール問題

　授業の終末では，この問題の条件の一部を変える例をいくつかあげて，生徒が選んだものをレポート課題として提出したものに対し，状況を見取る。

　例1）ゆいさんがはるとさんから1枚もらって，ゆいさんは「グー・グー・チョキ・パー」の4枚，はるとさんが「チョキ・パー」の2枚となったときの2人の勝つ確率を調べなさい。

　例2）はるとさんが「グー・グー・パー」の3枚のカードを持っているとき，カードを2枚持っているゆいさんがはるとさんに勝つ確率が $\frac{1}{2}$ になるような，ゆいさんの2枚のカードの組合せを調べなさい。

評価問題例

　ゆいさんは「チョキ・チョキ・パー」，はるとさんが「グー・グー・パー」のとき，出したカードを戻さないとしてジャンケンを連続して2回するときの2人の2連勝する確率を調べ，どちらが2連勝する確率が大きいか答えなさい。

A評価の生徒のすがた

解答例

　出したカードを戻さないでジャンケンを2回するとき，2連勝する場合について調べる。

　表に整理すると，右のようになる。

　起こりうる場合は全部で36通りあり，どの場合が起こることも同様に確からしい。このとき，ゆいさんが2連勝する場合は8通りあるので確率は $\frac{2}{9}$，はるとさんが2連勝する場合は4通りあるので確率は $\frac{1}{9}$ となるため，ゆいさんの方が2連勝する確率が大きい。

| | | Aゆい | | | | | |
		チ・チ	チ・チ	チ・パ	チ・パ	パ・チ	パ・チ
Bはると	グ・グ	B・B	B・B	B・A	B・A	A・B	A・B
	グ・グ	B・B	B・B	B・A	B・A	A・B	A・B
	グ・パ	B・A	B・A	B・△	B・△	A・A	A・A
	グ・パ	B・A	B・A	B・△	B・△	A・A	A・A
	パ・グ	A・B	A・B	A・A	A・A	△・B	△・B
	パ・グ	A・B	A・B	A・A	A・A	△・B	△・B

評価（判断）の理由

・レポート課題で，カードを戻さないで2回続けてジャンケンをする場合など，自分が選んだジャンケンの問題について調べ，ジャンケンについて勝つ確率が異なる場合を見つけるなど探究的に調べていればA評価とする。

第 **5** 章

第3学年の評価プラン

■ 「A数と式」（1）正の数の平方根

■ 「A数と式」（2）簡単な多項式

■ 「A数と式」（3）二次方程式

■ 「B図形」（1）図形の相似

■ 「B図形」（2）円周角と中心角の関係

■ 「B図形」（3）三平方の定理

■ 「C関数」（1）関数 $y=ax^2$

■ 「Dデータの活用」（1）標本調査

目　標

(1) 数の平方根，多項式と二次方程式，図形の相似，円周角と中心角の関係，三平方の定理，関数 $y=ax^2$，標本調査などについての基礎的な概念や原理・法則などを理解するとともに，事象を数学化したり，数学的に解釈したり，数学的に表現・処理したりする技能を身に付けるようにする。

(2) 数の範囲に着目し，数の性質や計算について考察したり，文字を用いて数量の関係や法則などを考察したりする力，図形の構成要素の関係に着目し，図形の性質や計量について論理的に考察し表現する力，関数関係に着目し，その特徴を表，式，グラフを相互に関連付けて考察する力，標本と母集団の関係に着目し，母集団の傾向を推定し判断したり，調査の方法や結果を批判的に考察したりする力を養う。

(3) 数学的活動の楽しさや数学のよさを実感して粘り強く考え，数学を生活や学習に生かそうとする態度，問題解決の過程を振り返って評価・改善しようとする態度，多様な考えを認め，よりよく問題解決しようとする態度を養う。

内　容

A　数と式

(1) 正の数の平方根について，数学的活動を通して，次の事項を身に付けることができるよう指導する。

ア　次のような知識及び技能を身に付けること。

(ア) 数の平方根の必要性と意味を理解すること。

(イ) 数の平方根を含む簡単な式の計算をすること。

(ウ) 具体的な場面で数の平方根を用いて表したり処理したりすること。

イ　次のような思考力，判断力，表現力等を身に付けること。

(ア) 既に学習した計算の方法と関連付けて，数の平方根を含む式の計算の方法を考察し表現すること。

(イ) 数の平方根を具体的な場面で活用すること。

(2) 簡単な多項式について，数学的活動を通して，次の事項を身に付けることができるよう指導する。

ア　次のような知識及び技能を身に付けること。

(ア) 単項式と多項式の乗法及び多項式を単項式で割る除法の計算をすること。

(イ) 簡単な一次式の乗法の計算及び次の公式を用いる簡単な式の展開や因数分解をすること。

$$(a+b)^2=a^2+2ab+b^2$$
$$(a-b)^2=a^2-2ab+b^2$$
$$(a+b)(a-b)=a^2-b^2$$
$$(x+a)(x+b)=x^2+(a+b)x+ab$$

イ　次のような思考力，判断力，表現力等を身に付けること。

(ア) 既に学習した計算の方法と関連付けて，式の展開や因数分解をする方法を考察し表現すること。

(イ) 文字を用いた式で数量及び数量の関係を捉え説明すること。

(3) 二次方程式について，数学的活動を通して，次の事項を身に付けることができるよう指導する。

ア　次のような知識及び技能を身に付けること。

(ア) 二次方程式の必要性と意味及びその解の意味を理解すること。

(イ) 因数分解したり平方の形に変形したりして二次方程式を解くこと。

(ウ) 解の公式を知り，それを用いて二次方程式を解くこと。

イ　次のような思考力，判断力，表現力等を身に付けること。

(ア) 因数分解や平方根の考えを基にして，二次方程式を解く方法を考察し表現すること。

(イ) 二次方程式を具体的な場面で活用すること。

〔用語・記号〕根号　有理数　無理数　因数　√

第 3 学年の目標及び内容 ［国立教育政策研究所 (2018)より］

B　図　形

(1) 図形の相似について，数学的活動を通して，次の事項を身に付けることができるよう指導する。

　ア　次のような知識及び技能を身に付けること。

　　(ア) 平面図形の相似の意味及び三角形の相似条件について理解すること。

　　(イ) 基本的な立体の相似の意味及び相似な図形の相似比と面積比や体積比との関係について理解すること。

　イ　次のような思考力，判断力，表現力等を身に付けること。

　　(ア) 三角形の相似条件などを基にして図形の基本的な性質を論理的に確かめること。

　　(イ) 平行線と線分の比についての性質を見いだし，それらを確かめること。

　　(ウ) 相似な図形の性質を具体的な場面で活用すること。

(2) 円周角と中心角の関係について，数学的活動を通して，次の事項を身に付けることができるよう指導する。

　ア　次のような知識及び技能を身に付けること。

　　(ア) 円周角と中心角の関係の意味を理解し，それが証明できることを知ること。

　イ　次のような思考力，判断力，表現力等を身に付けること。

　　(ア) 円周角と中心角の関係を見いだすこと。

　　(イ) 円周角と中心角の関係を具体的な場面で活用すること。

(3) 三平方の定理について，数学的活動を通して，次の事項を身に付けることができるよう指導する。

　ア　次のような知識及び技能を身に付けること。

　　(ア) 三平方の定理の意味を理解し，それが証明できることを知ること。

　イ　次のような思考力，判断力，表現力等を身に付けること。

　　(ア) 三平方の定理を見いだすこと。

　　(イ) 三平方の定理を具体的な場面で活用すること。

〔用語・記号〕∽

C　関　数

(1) 関数 $y=ax^2$ について，数学的活動を通して，次の事項を身に付けることができるよう指導する。

　ア　次のような知識及び技能を身に付けること。

　　(ア) 関数 $y=ax^2$ について理解すること。

　　(イ) 事象の中には関数 $y=ax^2$ として捉えられるものがあることを知ること。

　　(ウ) いろいろな事象の中に，関数関係があることを理解すること。

　イ　次のような思考力，判断力，表現力等を身に付けること。

　　(ア) 関数 $y=ax^2$ として捉えられる二つの数量について，変化や対応の特徴を見いだし，表，式，グラフを相互に関連付けて考察し表現すること。

　　(イ) 関数 $y=ax^2$ を用いて具体的な事象を捉え考察し表現すること。

D　データの活用

(1) 標本調査について，数学的活動を通して，次の事項を身に付けることができるよう指導する。

　ア　次のような知識及び技能を身に付けること。

　　(ア) 標本調査の必要性と意味を理解すること。

　　(イ) コンピュータなどの情報手段を用いるなどして無作為に標本を取り出し，整理すること。

　イ　次のような思考力，判断力，表現力等を身に付けること。

　　(ア) 標本調査の方法や結果を批判的に考察し表現すること。

　　(イ) 簡単な場合について標本調査を行い，母集団の傾向を推定し判断すること。

〔用語・記号〕全数調査

正の数の平方根

単元の学習目標 平方根の必要性と意味を理解し，平方根を含む式の計算の方法を考察し表現できるようになろう

単元でめざす生徒の成長のイメージ

単元の導入

$\sqrt{2}$ といわれても，数の大きさがピンとこないし，小数点で表した数を四捨五入して計算した方が早いよ。

単元学習後

平方根を使うと，今まで表せなかった数値でも正確に計算できることがわかった。

評価のポイントとなる2場面と指導の手だて

　数の平方根の学習が進むにつれて「81の平方根は9」「$\sqrt{16}$ は±4」などのように，数の平方根と根号を用いて表された数を混同する生徒が多くいる。そこで，単元のウォーミングアップとして平方根の定義を確認する活動を取り入れ，薄れていきがちな平方根の意味理解の定着を図る。

　また，数の平方根を含む式の計算方法は乗除先行で指導することが多いが，生徒からするとこれまでの学習経験を踏まえると加減乗除の順番で考えることが自然であるため，つまずきやすいポイントである。本単元を，計算方法の予想が成り立つかどうか，具体的な数を当てはめて確かめ，根号のついた数と整数の計算を関連付けて調べていくことで，平方根を含む式の計算の方法を概括的に見通す時間とする。

　評価場面1は，記号$\sqrt{}$を用いて表した数について，その意味を理解しているかを選択式で問い，形成的評価につなげる。

　評価場面2は，異なる大きさの正方形の1辺の長さの関係を考える場面から，数の平方根を含む式の計算の方法を考察し表現する活動を行う。すでに学習した数字や文字の計算方法と関連付けて考察できているかを見取り，ワークシートの記述内容から記録に残す評価を行う。

単元の評価規準

知識・技能	思考・判断・表現	主体的に学習に取り組む態度
❶ 数の平方根の必要性と意味を理解している。 ❷ 有理数，無理数の意味を理解している。 ❸ 数の平方根を含む簡単な式の計算をすることができる。 ❹ 誤差，有効数字の意味を理解し，近似値を $a \times 10^n$ の形に表現することができる。 ❺ 具体的な場面で数の平方根を用いて表したり処理したりすることができる。	❶ すでに学習した計算の方法と関連付けて，数の平方根を含む式の計算の方法を考察し表現することができる。 ❷ 数の平方根を具体的な場面で活用することができる。	❶ 数の平方根のよさを実感して粘り強く考えようとしている。 ❷ 数の平方根について学んだことを生活や学習に生かそうとしている。 ❸ 数の平方根を活用した問題解決の過程を振り返って評価・改善しようとしている。

指導と評価の計画

次	学習の流れ （◎）学習内容　　（・）学習活動	おもな評価規準 ●：記録に残す評価 ○：記録に残さない評価
1	◎ **数の平方根の必要性と意味**（第1〜3時） ・正方形の面積がわかっているとき，1辺の長さについて考える。 ・平方根の意味や必要性について理解する。【評価場面❶】 ・数が拡張されたことを振り返り，有理数や無理数の意味について理解する。	主① 知① 知②　主❶
2	◎ **数の平方根を含む式の計算**（第4〜7時） ・すでに学習した計算の方法と関連付けて，数の平方根を含む式の四則計算の方法が成り立つかどうかを考察し表現する。【評価場面❷】 ・数の平方根の四則計算をする。	思❶　主② 知③　主❷
3	◎ **平方根を具体的な場面で活用する**（第8〜9時） ・コピー用紙の縦と横の長さの比の関係など，数の平方根を具体的な場面で活用する。 ◎ **誤差や近似値**（第10時） ・測定値の誤差や有効数字について理解する。	知⑤　思❷　主❸ 知④
テスト	・数の平方根の意味などについて選択式で出題して評価したり，四則計算などについて短答式で出題して評価したりする。（知❶❷❸❹❺） ・数の平方根を具体的な場面で活用したりすることなどについて記述式で出題して評価する。（思❶❷）	

平方根の意味や必要性について理解する

評価規準

知識・技能	思考・判断・表現	主体的に学習に取り組む態度
① 数の平方根の必要性と意味を理解している。		

授業づくり（形成的な評価）のポイント

　日常生活には，面積が2cm²の正方形の1辺の長さのように，これまで学習した有理数では表しきれない量が存在している。このような量を定めるために，第1学年で数の範囲を正の数と負の数に拡張したように，正の数の平方根の必要性を理解できるようにすることが大切である。

　平方根について，「81の平方根は9」や「$\sqrt{16}$ は ±4」などといった誤りも散見されるため，平方根や根号のついた数の意味については丁寧に扱う必要がある。また，平方根を用いた乗除の計算は既習の数の計算と関連付けやすく，加減の計算は文字を用いた式の計算と関連付けやすいといった特徴があるため，四則計算では，加減の計算より先に乗除の計算を学習するなど，中学生なりにその理由を理解し，単元の見通しをもって学習できるような配慮を行いたい。

生徒のつまずきを明らかにする確認問題

　授業の導入では，平方根の意味や「a が正の数であるとき，a の2つの平方根のうち正のほうを $\sqrt{a}$，負のほうを $-\sqrt{a}$ と表す」という平方根の表し方についてまとめる。

　正の数の平方根には，正の数と負の数の2つがあり，その正の数のほうを√を用いて表すことについて，以下の評価問題で生徒の状況を見取る。「平方根」の用語を敢えて用いずに「2乗して6になる数」として，正負の符号に着目して4つの選択肢をつくり，選択式で問うことで平方根の意味について概念的理解ができるようにする。

> **評価問題例**
>
> $\sqrt{6}$ がどんな数を表しているかについて正しく述べているものが，次のアからエまでの中に1つあります。それを選びなさい。
>
> ア　$\sqrt{6}$ は，2乗して6になる数のすべてである。
> イ　$\sqrt{6}$ は，2乗して6になる数のうち，正の数のほうである。
> ウ　$\sqrt{6}$ は，2乗して6になる数のうち，負の数のほうである。
> エ　$\sqrt{6}$ は，2乗して6になる数であるが，正の数か負の数かはわからない。

B評価の生徒のすがた

解答例

イ

評価（判断）の理由

・「イ」を選択していればB評価する。

Cの学習状況に対する指導・支援の手だて

・「平方根」「√」などの用語や記号は知っていても，その意味がよくわかっていない生徒には，平方根などの意味を再確認するとともに，本単元の毎授業のウォームアップとして，次のようなやりとりを取り入れる。

T：「平方根とは何ですか？」
S：「2乗する前の数のことです」
T：「では，6の平方根は何ですか？」
S：「$\sqrt{6}$と$-\sqrt{6}$です」
T：「$\sqrt{6}$（$-\sqrt{6}$）はどんな数ですか？」
S：「2乗して6になる数のうち，正の数（負の数）です」

学びを深めるゴール問題

　さらに，平方根の乗除の計算を学習する前に，以下のような問題で生徒の状況を見取る。すでに平方根の乗除の計算方法を知っている生徒なら，「$\sqrt{36}$だから6になる」と計算したくなるところであるが，ここでは平方根の意味の知識を活用できるようにしたい。そのうえで，「6は$\sqrt{36}$と等しいから，$(-\sqrt{6})^2$は$\sqrt{6\times6}=\sqrt{36}$のように計算してよいのではないか」と気づかせ，次時以降の乗除の計算の学習につなげるような展開が期待できる。

　平方根の学習が進み，計算技能の習熟を図る場面が増えるにつれて，その意味理解が薄れてしまうことがある。そこで，$\sqrt{16}=4$，$-\sqrt{16}=-4$のように，根号を使わずに表せる数がある場面では，「$\sqrt{16}$は，16の平方根のうち，正の数のほうだから4と等しい」などと平方根の意味理解をあらためて説明する必要がある。

評価問題例

$(-\sqrt{6})^2$はどんな数か，説明しなさい。

A評価の生徒のすがた

解答例

・$-\sqrt{6}$は，2乗して6になる数のうち，負の数のほうである。したがって，$(-\sqrt{6})^2$は6である。

評価（判断）の理由

・根号のついた数を2乗した数について，その意味を踏まえて説明していればA評価とする。

すでに学習した計算の方法と関連付けて，数の平方根を含む式の四則計算の方法が成り立つかどうかを考察し表現する

本時の評価規準

知識・技能	思考・判断・表現	主体的に学習に取り組む態度
	❶ すでに学習した計算の方法と関連付けて，数の平方根を含む式の計算の方法を考察し表現することができる。	

生徒のつまずきを明らかにする確認問題

　単元の導入では，生徒にいろいろな正方形をかかせて，その正方形の1辺の長さを調べる活動を取り入れる。

　本時では，その活動を踏まえ，以下の問題を提示し，平方根を含む四則計算の学習について，生徒が計算の方法を予想したり見通しをもったりできるようにするとともに，第1学年で学習した数や文字の加法の計算方法と関連付けて計算の方法を考察できるようにする。

　生徒は，はじめに加法や減法の計算に着目しやすいので，以下の問題の3人の会話を踏まえて，加法についてどのようなことがいえるかを見いだす活動を取り入れる。3人の会話から，$\sqrt{a}+\sqrt{b}$ が $\sqrt{a+b}$ とはならないこと，そして，その反例をあげて説明できることなどがわかる。さらに，図で，$\sqrt{8}$ が $\sqrt{2}$ の長さの2倍にあたること，$\sqrt{18}$ が $\sqrt{2}$ の長さの3倍にあたることから，$\sqrt{2}+\sqrt{8}=\sqrt{2}+2\sqrt{2}=3\sqrt{2}(=\sqrt{18})$ となることもわかる。これらが，$a+2a=3a$，$x+3x=4x$ のような文字を用いた式の加法の計算と似ていることに気付けば，数の平方根の加法や減法の方法を考察するためには，$\sqrt{8}=2\sqrt{2}$ や $\sqrt{18}=3\sqrt{2}$ のような変形が必要なことを理解できるようになる。

　そのうえで，$2\times\sqrt{2}$ が $\sqrt{4}\times\sqrt{2}=\sqrt{8}$ となることや，$3\times\sqrt{2}$ が $\sqrt{9}\times\sqrt{2}=\sqrt{18}$ となることを見いだすと，乗法や除法の計算について $\sqrt{a}\times\sqrt{b}$ が $\sqrt{a\times b}$ となることも予想できるようになる。

評価問題例

　1辺が 1cm の正方形がかかれているシートに，面積が 2，8，18 の正方形をつくります。
　4点 A，B，C，D は一直線上にあり，AB＝BC＝CD＝$\sqrt{2}$，AC＝BD＝$\sqrt{8}$，AD＝$\sqrt{18}$ と表すことができます。

　この図を見て，たいきさんとゆうかさん，あきらさんは数の平方根の計算について，次のように話をしています。

> たいきさん：AB＋BC＝ACだから，
> 　　　　　　 $\sqrt{2}+\sqrt{2}=\sqrt{8}$ になりそうだ。
> ゆうかさん：同様に，AB＋BD＝ADだから，
> 　　　　　　 $\sqrt{2}+\sqrt{8}=\sqrt{18}$ になりそうだ。
> あきらさん：$\sqrt{2}+\sqrt{2}=\sqrt{4}$，$\sqrt{2}+\sqrt{8}=\sqrt{10}$
> 　　　　　　 のようには計算できそうにないね。

　この図から，数の平方根の計算について，他にどのようなことがいえるか，説明しなさい。

B評価の生徒のすがた

解答例

・ACは問題文には $\sqrt{8}$ とあるけど，AB＋BC＝ACだから，$\sqrt{2}+\sqrt{2}=2\sqrt{2}$ ともいえそうだ。

・AB＝BCだから，$\sqrt{2}\times2=\sqrt{8}$ になりそうだ。

・ADは問題文には $\sqrt{18}$ とあるけど，AB＋BD＝ADだから，$2\sqrt{2}$ で $\sqrt{2}$ が3つだから $3\sqrt{2}$ ともいえそうだ。

・AB＝BC＝CDだから，$\sqrt{2}\times3=\sqrt{18}$ になりそうだ。

評価（判断）の理由

・根号のついた数の加法や乗法について，図の関係からいえることを記述していればB評価とする。

Cの学習状況に対する指導・支援の手だて

・たいきさんとゆうかさん，あきらさんの会話を取り上げ，図のどの部分に着目しているのかを確認させ，支援を行う。

・$\sqrt{2}+\sqrt{3}=\sqrt{5}$ のように考えてしまう生徒は，$2x+3y=5xy$ のように捉えている可能性もある。根号のついた数の計算の方法にとどまらず，文字を用いた式の計算など，既習の計算と関連付けて確認を行う。

学びを深めるゴール問題

　授業の終末では，平方根を含む四則計算について生徒が見いだしたことを振り返って整理し，根号のついた数の変形を先に行う必要などについて確認したうえで，数の平方根の乗法や除法の計算から扱うことが考えられる。

評価問題例

　今日の授業での学びから，数の平方根の四則計算について見いだしたことを書きなさい。

A評価の生徒のすがた

解答例

・先ほどの問題では，AB＋BD＝ADで，BD＝2ABだから，
$\sqrt{2}+\sqrt{8}=\sqrt{2}+2\sqrt{2}=3\sqrt{2}$
になりそうだ。
このことは，文字を用いた式で A＋2A＝3A のように同類項をまとめる計算と似ている。

・$\sqrt{a}+\sqrt{b}$ を，$\sqrt{a+b}$ とは計算できない。
しかし，$\sqrt{a}\times\sqrt{b}$ は，$\sqrt{a\times b}$ と計算できそうだ。

・文字を用いた式だと，A＋Bはこれ以上簡単に表せないが，根号のついた数ではBを変形し，A＋2A＝3A のようにまとめられるときがあるので，$\sqrt{8}=2\sqrt{2}$ のような変形を先にできるようにする必要がある。

評価（判断）の理由

・数の平方根の四則計算について見いだしたことを記述していればA評価とする。

簡単な多項式

単元の学習目標　単項式と多項式の計算や因数分解を習得し，文字を用いた式で数量の関係を捉え説明できるようになろう

単元でめざす生徒の成長のイメージ

因数分解は，公式を覚えれば問題が解けるようになるのかな。文字が多くてわけがわからなくなってきた……。

具体的な場面で数量の関係を捉え，文字を用いた式に表したり，式の意味を読み取ったりできるようになったよ。

評価のポイントとなる2場面と指導の手だて

　生徒は式の展開や因数分解について，公式を暗記して形式的に処理しようとすることがある。高等学校数学で扱うより複雑な公式等の学習を見通し，式の展開や因数分解などの方法が，既習の交換法則や結合法則，分配法則などをもとにしていることを理解できるようにしたい。また，計算問題に終始することなく，発展的に考える活動などを工夫できるとよい。

　評価場面1は，簡単な一次式の乗法や，簡単な式の展開，因数分解の技能の習熟を図る授業である。技能については「○問中，□問正答できればB評価とする」のように量的に評価するのではなく，問題を工夫するなどして，解答のプロセスを質的に評価することが大切である。

　評価場面2では，中学校における数と式の学習の総仕上げとして，土地の測量の「座標法」という方法を取り上げ，問題文の情報をもとに，文字を用いた式に表したり式の意味を読み取ったりしたことをレポートに整理し，記述内容から記録に残す評価を行う。

単元の評価規準

知識・技能	思考・判断・表現	主体的に学習に取り組む態度
❶ 単項式と多項式の乗法および多項式を単項式で割る除法の計算をすることができる。 ❷ 簡単な一次式の乗法の計算および次の公式を用いて簡単な式の展開や因数分解をすることができる。 $(a+b)^2=a^2+2ab+b^2$ $(a-b)^2=a^2-2ab+b^2$ $(a+b)(a-b)=a^2-b^2$ $(x+a)(x+b)=x^2+(a+b)x+ab$	❶ すでに学習した計算の方法と関連付けて，式の展開や因数分解する方法を考察し表現することができる。 ❷ 文字を用いた式で数量および数量の関係を捉え説明することができる。	❶ 式の展開や因数分解をする方法のよさを実感して粘り強く考えようとしている。 ❷ 多項式について学んだことを生活や学習に生かそうとしている。 ❸ 文字を用いた式を活用した問題解決の過程を振り返って評価・改善しようとしている。

指導と評価の計画

次	学習の流れ （◎）学習内容　（・）学習活動	おもな評価規準 ●：記録に残す評価 ○：記録に残さない評価
1	◎ **単項式と多項式の乗法および多項式を単項式で割る除法**（第1〜3時） ・単項式と多項式の乗法および多項式を単項式で割る除法の計算をする。	 知①
2	◎ **一次式の乗法，式の展開と因数分解**（第4〜13時） ・式の展開の意味を理解したり，すでに学習した計算の方法と関連付けて，式の展開をする方法を考察し表現したりする。 ・一次式の乗法の計算および式の展開をする。 ・因数分解の意味を理解したり，因数分解の方法を考察し，表現したりする。 ・簡単な式の因数分解をする。 ・簡単な一次式の乗法，簡単な式の展開と因数分解をする。【評価場面❶】	 思❶　主① 知② 主❶ 知② 知②
3	◎ **文字を用いた式で数量および数量の関係を捉え説明する**（第14〜17時） ・速算の性質が成り立つことなどについて数量および数量の関係を捉え，文字を用いた式で説明する。 ・文字を用いた式で数量および数量の関係を捉え説明する。【評価場面❷】	 主❷❸ 思❷　主❸
テスト	・簡単な式の展開や因数分解等について短答式で出題して評価する。（知❶❷） ・数の性質が成り立つ理由を説明する問題等で評価する。（思❶❷）	

簡単な一次式の乗法，簡単な式の展開と因数分解をする

評価規準

知識・技能	思考・判断・表現	主体的に学習に取り組む態度
② 簡単な一次式の乗法の計算および次の公式を用いて簡単な式の展開や因数分解をすることができる。		

授業づくり（形成的な評価）のポイント

　一次式同士の乗法では，既習の単項式と多項式の乗法と関連付けて考察し，単に形式的に計算するだけでなく，その方法が交換法則，結合法則や分配法則などをもとにしていることを理解できるようにすることが大切である。計算問題の正誤だけでなく，計算の方法についての理解の状況を見取りながら，計算の習熟を図るようにしたい。

生徒のつまずきを明らかにする確認問題

　授業の導入では，前時までおよそ10時間をかけて，簡単な一次式の乗法や，簡単な式の展開と因数分解について習熟を図ってきたことを振り返り，授業の最後に小テストで生徒の学習状況を見取る。問題の種類や問題数については，本時までの生徒の理解や学習状況によって適切に変えていくことも必要であるが，以下の問題を生徒がクリアできるようになることを事前の授業から意識し，見通しをもって指導したい。

　また，本評価問題で把握した生徒のつまずきやすい点については，総括的評価に向けて，その後の学習改善にも生かすことができるようにする。

　簡単な一次式の乗法や簡単な式の展開，因数分解の学習では，10時間の授業で約3週間にわたって指導するので最後の状況のみを見取るのではなく，それぞれの授業の時点での見取りが欠かせない。その際，見取りの観点を「簡単な一次式の乗法の計算ができる」など，授業ごとに設定することも考えられるが，安易に技能を重み付けする総括につながらないように留意したい。

評価問題例
(1) 次の計算をしなさい。 　① $-3a(a-2b)$　　② $(6x^2-3x)\div 3x$ (2) 次の式を展開しなさい。 　① $M(c+d)$　　② $(x+4)(x-5)$　　③ $(2x+3y)^2$
B評価の生徒のすがた

解答例

(1) ① $-3a^2+6ab$
　　② $2x-1$

(2) ① $\mathrm{M}c + \mathrm{M}d$
　　② $x^2 - x - 20$
　　③ $4x^2 + 12xy + 9y^2$

評価（判断）の理由

・一次式の乗法や展開ができていればB評価とする（同類項をまとめていない等の表現不十分を許容する）。

Cの学習状況に対する指導・支援の手だて

・一次式の乗法や展開に誤りがある場合，例えば，設問 (1) ①で，右のように正負の符号を
　含む項を丸で囲んで，分配法則で何と何の積を求めるかを矢印で結ぶなど，計算の方法を
　可視化するようにする。

学びを深めるゴール問題

　(1) (2) に正答し，下記の (3) の因数分解でつまずく生徒は，分配法則を用いて式を展開する
ことはできるが，因数分解について，$(x+a)(x+b)$ と $x^2+(a+b)x+ab$ の a, b の和や積の関係を理
解していない場合が考えられる。そのような生徒には，積 ab になる a, b の候補となる2つの数に
着目し，その和 $a+b$ がいくつになるか調べ，適切な組合せを見つける手順を再確認することで支
援を行う。

　(3) の④，⑥をみて，共通因数に着目させることで，②の式につながることに気付けるようにし
たい。

評価問題例

**(3) 次の式を因数分解しなさい。また，因数分解の学習からわかったことを簡潔に述べな
　　さい。**

　　① $x^2 - 2xy$　　　　② $x^2 - x - 20$　　　　③ $16 - y^2$

　　④ $2x^2 - 2x - 40$　　⑤ $9x^2 + 12xy + 4y^2$　　⑥ $\dfrac{1}{2}x^2 - \dfrac{1}{2}x - 10$

A評価の生徒のすがた

解答例

(3) ①　$x(x - 2y)$　　　② $(x+4)(x-5)$
　　③　$(4+y)(4-y)$　　④ $2(x+4)(x-5)$
　　⑤　$(3x+2y)^2$　　　⑥ $\dfrac{1}{2}(x+4)(x-5)$

・④と⑥の問題は，共通因数をくくることで②と同じような因数分解の式になる。

・因数分解をするときは，かっこの中に共通因数が残っていないか，かっこの中の多項式がさらに因数分解で
　きないかなどを振り返って考える。

・因数分解をするときは，共通因数を探してから公式を用いて因数分解する。

評価（判断）の理由

・①から⑥の式を因数分解し，因数分解の学習を振り返ってわかったことなどを記述していればA評価とする
　（本問題では，因数分解の理解を見取るため，計算ミス等による数問の不正解は許容する）。

文字を用いた式で数量および数量の関係を捉え説明する

本時の評価規準

知識・技能	思考・判断・表現	主体的に学習に取り組む態度
	❷ 文字を用いた式で数量および数量の関係を捉え説明することができる。	

生徒のつまずきを明らかにする確認問題

　授業の導入では，実際に土地の測量で使われている「座標法（土地の面積を求めるときに，いくつかの三角形に分割し，それぞれの三角形の頂点の座標から面積を求め，それらを合計していく方法）」を紹介する。その後に本問題を提示し，生徒の学習状況を見取る。

評価問題例

　図のように，座標平面上で3点 O$(0,\ 0)$，A$(a,\ b)$，B$(c,\ d)$ がわかっているときの △OAB の面積を $a,\ b,\ c,\ d$ を用いた式で表しなさい。

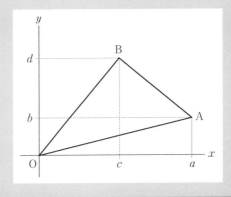

B評価の生徒のすがた

解答例

$$\frac{ad-bc}{2}$$

評価（判断）の理由

・△OABの面積を，文字を用いた式で表していればB評価とする。

Cの学習状況に対する指導・支援の手だて

・座標を具体的な数に置き換え，三角形の面積を求めるために大きい長方形の面積から余分な三角形の面積を引くことについて話し合う活動を取り入れる。

・三角形の面積を求める式の展開をグループ活動などで協働的に解決するように支援する。

・三角形の面積を求めた後に，「$b=0$のときはどんなことがいえるだろう」と問いかけ，式を読んで新たにわかることについて話し合いをさせ，$b=0$のときにわかることについて見通しをもたせる。授業とレポート課題を一体化させ，生徒が主体的に課題に取り組めるように工夫する。

学びを深めるゴール問題

　問題解決の過程を振り返り，さらに文字を用いた式から数量の関係を読み取れることをレポート課題とする。授業での活動の後，学習した内容を振り返り，さらに調べたいことをまとめ，レポートを完成させるなど，授業と課題が連動するようにしたい。本時の学習を，図形や関数など他領域を見通した横断的な学習の機会の一つと捉え，生徒の状況に応じて，三平方の定理や高等学校のベクトル等の今後の学習を見据えて扱うことも考えられる。

評価問題例

　先ほどの問題に対して，問題解決の過程を振り返り，文字を用いた式から数量の関係について読み取れることを書きなさい。

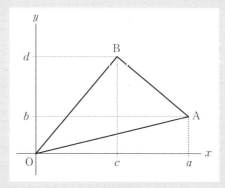

A評価の生徒のすがた

解答例

・$b=0$のとき，底辺aで高さdの三角形になるので，（底辺）×（高さ）÷2の三角形の面積の公式になる。

　この式から，面積adの長方形から面積bcの長方形をひいた面積の半分が，三角形の面積になることがわかる。

　右の図のように，三角形の等積変形からも説明できる。

評価（判断）の理由

・$b=0$のときに三角形の面積を求める公式となることや，面積の関係を三角形の等積変形を用いて説明していればA評価とする。

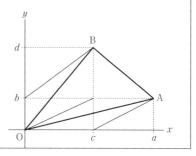

留意点 授業での活動後に完成させたレポート課題から，主体的に学習に取り組む態度の観点で「文字を用いた式を活用した問題解決の過程を振り返って評価・改善しようとしている」について評価することも考えられる。

二次方程式

単元の学習目標 二次方程式の必要性と意味，解の公式を理解し，二次方程式を具体的な場面で考察し表現できるようになろう

単元でめざす生徒の成長のイメージ

単元の導入

解の公式は覚えたけど，二次方程式をみてもどう公式を使って計算すればよいかわからない……。

単元学習後

今までの学習内容と関連づけて考えることで，さまざまな場面で二次方程式を活用できるようになった。

評価のポイントとなる 2 場面と指導の手だて

　方程式については第1学年から学習しているが，解の公式を用いて解くには平方根の計算技能も求められるため，二次方程式に苦手意識をもつ生徒が多い。また，二次方程式の解の意味は，第1学年で学習した一次方程式の解と本質的には変わらないが，一般に解が2つあることや，具体的な場面で活用する際，求めた解が問題の答えとして適切か解釈する必要があることなどに留意が必要である。

　評価場面1では，解の公式に数が代入された式を想定し，そこから逆向きの思考で，もとの二次方程式を推察する。この活動を通して，解の公式を用いて二次方程式を解くことができるかについて，生徒の理解の状況を見取る。

　評価場面2では，二次方程式を具体的な場面で活用する活動として，黄金比を取り上げる。黄金比は，第1学年の「比例，反比例」や第3学年の「図形の相似」の活用場面としても取り上げることができる。ここでは，次単元の「図形の相似」の先取りとして，評価場面1と評価場面2で同じ二次方程式を取り上げている。

単元の評価規準

知識・技能	思考・判断・表現	主体的に学習に取り組む態度
❶ 二次方程式の必要性と意味およびその解の意味を理解している。	❶ 因数分解や平方の形に変形することをもとにして，二次方程式の解き方を考えることができる。	❶ 二次方程式のよさを実感して粘り強く考えようとしている。
❷ 因数分解したり平方の形に変形したりして二次方程式を解くことができる。	❷ 二次方程式を具体的な場面で活用することができる。	❷ 二次方程式で学んだことを生活や学習に生かそうとしている。
❸ 解の公式を知り，それを用いて二次方程式を解くことができる。		❸ 二次方程式を活用した問題解決の過程を振り返って評価・改善しようとしている。

指導と評価の計画

次	学習の流れ （◎）学習内容　　（・）学習活動	おもな評価規準 ●：記録に残す評価 ○：記録に残さない評価
1	◎　二次方程式の必要性と意味およびその解の意味（第1，2時） ・二次方程式の意味を知る。 ・二次方程式の解と二次方程式を解くことの意味を知る。	知① 　主①
2	◎　因数分解したり平方の形に変形したりして解くこと（第3〜6時） ・因数分解や平方の形に変形することをもとにして，二次方程式の解き方を考える。 ・因数分解をしたり平方の形に変形したりして二次方程式を解く。	思① 　主① 知②
3	◎　解の公式を知り，二次方程式を解くこと（第7，8時） ・係数が数で表されている二次方程式を平方の形に変形する過程と比較しながら，二次方程式 $ax^2+bx+c=0$ の解の公式の導き方を考える。 ・解の公式を用いて，二次方程式を解く。【評価場面❶】	知③ 　主❶
4	◎　二次方程式を具体的な場面で活用すること（第9〜14時） ・二次方程式を具体的な場面で活用する。【評価場面❷】 ・二次方程式を活用した問題解決の過程を振り返り，評価・改善する。	思❷ 主❷❸
テスト	・単元の評価規準を踏まえ，二次方程式の解の公式を逆にみて，もとの二次方程式を推察する問題を出題し，状況を評価したり，黄金比を求める問題を出題し，黄金比を二次方程式で解決しようとする思考力，判断力，表現力等の状況を評価する。（知❶❷❸　思❶❷）	

解の公式を用いて，二次方程式を解く

評価規準

	知識・技能	思考・判断・表現	主体的に学習に取り組む態度
③	解の公式を知り，それを用いて二次方程式を解くことができる。		

授業づくり（形成的な評価）のポイント

解の公式 $x=\dfrac{-b\pm\sqrt{b^2-4ac}}{2a}$ を用いて二次方程式を解く際には，単に暗記した公式に係数の数値を代入するだけでなく，二次方程式 $ax^2+bx+c=0$ の解が3つの項の係数 a，b，c で定まることを理解することも大切である。

学習指導にあたっては，係数が数字で表されている二次方程式を取り上げ，平方の形に変形して解を求める手順と照らし合わせながら，解の公式が導かれる過程を確認する。その際，解の公式が，式変形や操作の反復を省略し，能率的に解を求めるためのものであることを印象づけるようにしたい。

解の公式を用いて二次方程式を解く問題練習の指導では，平方根を用いた計算技能の誤りなどを注視するあまり，解の公式を用いることの見取りがなおざりになることがある。そこで，解の公式を用いることについて逆向きに考え，解の公式に数が代入された式から二次方程式を推察する活動を取り入れるなど，複数の角度から生徒の状況を見取ることが大切である。

生徒のつまずきを明らかにする確認問題

授業で解の公式についてまとめた後，解の公式を用いて二次方程式を解く問題練習に加えて，以下のような評価問題を取り上げ，解の公式と二次方程式の3つの項の a，b，c の対応がわかっているかをシンプルに問い，生徒の学習状況を見取る。

評価問題例

ある二次方程式を解くために，解の公式を使って解こうとしたら，次のような式になりました。

このとき，もとの二次方程式を答えなさい。

$$x=\dfrac{-5\pm\sqrt{5^2-4\times3\times1}}{2\times3}$$

B評価の生徒のすがた

解答例

$3x^2+5x+1=0$

評価（判断）の理由

・二次方程式の解の公式の a, b, c と対応する値を読み取り，「$3x^2+5x+1=0$」と解答できれば，B評価とする。

Ｃの学習状況に対する指導・支援の手だて

・解の公式の a, b, c と，二次方程式 $ax^2+bx+c=0$ の a, b, c の対応を誤り，「$5x^2+3x+1=0$」のように解答した生徒には，誤答の「$5x^2+3x+1=0$」を，解の公式で解く活動を取り入れ，対応を理解しているかを確認する。

・無解答の場合は，解の公式を明示して，二次方程式 $ax^2+bx+c=0$ の a, b, c との対応を調べる活動を取り入れるなど，二次方程式の解が3つの項の係数 a, b, c で定まることを再度確認する。

学びを深めるゴール問題

　同様に数問取り組んだ後，黄金比の問題で取り上げられる「$x=\dfrac{1\pm\sqrt{5}}{2}$」の解について，解の公式に照らして筋道立てて考える。このとき，等式の性質を用いて「$2x-1=\pm\sqrt{5}$」と変形し，両辺を2乗して整理し，「$4x^2-4x-4=0$」などの二次方程式を導くことも紹介し，生徒に共有する。授業の終末では，既習の一元一次方程式や連立二元一次方程式などについて，解の公式の有無や必要性を考える活動を取り入れ，方程式の学習を振り返る。

評価問題例

ある二次方程式を解くために，解の公式を用いると，次の式になりました。
このとき，もとの二次方程式を答えなさい。また，その理由を説明しなさい。

$$x=\frac{1\pm\sqrt{5}}{2}$$

Ａ評価の生徒のすがた

解答例

分母が「2」なので，$a=1$ とする。
分子の「1」から，$b=-1$ とすると，
ルートの中は，$(-1)^2+4\times1\times c=5$
なので，$1+4c=5$ を解いて，$c=1$ となる。
したがって，$x^2-x-1=0$

評価（判断）の理由

・「$x^2-x-1=0$」と解答し，そのわけを筋道立てて説明することができれば，Ａ評価とする。

二次方程式を具体的な場面で活用する

本時の評価規準

知識・技能	思考・判断・表現	主体的に学習に取り組む態度
	❷　二次方程式を具体的な場面で活用することができる。	

生徒のつまずきを明らかにする確認問題

　本時では，いくつかの活用問題を取り上げた後，授業の終末では以下の評価問題を提示する。
新書判の大きさは，長方形から正方形を切り取った残りの長方形がもとの長方形と相似になり，もとの長方形の縦の長さを1，横の長さをxとしたときに，対応する辺の比が「$1:x=(x-1):1$」になる。このようないわゆる黄金比の関係を，カリキュラム・マネジメントの視点から，第1学年「比例式」や第3学年「相似な図形」と関連する形で取り上げる。相似な図形の性質については未習のため，本問題では比例式まで示したうえで，解の公式を用いて求めた解を問題に即して解釈し，問題の答えを求める過程についておもに考察できるようにしている。

評価問題例

　下の図の長方形 ABCD と，そこから正方形 ABEF を切り取った長方形 DFEC は，対応する辺の比が等しく，縦の長さ AB を 1，横の長さを x とすると，次の関係が成り立つことがわかっています。
　　$1:x = (x-1):1$
　このことから，BC の長さを求めなさい。

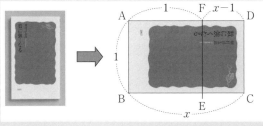

（書影）畑村洋太郎『数に強くなる』岩波書店2007より

B評価の生徒のすがた

解答例

$1:x=(x-1):1$
　$x(x-1)=1$
　$x^2-x-1=0$
　解の公式を用いて
　$x=\dfrac{1\pm\sqrt{5}}{2}$
　$x>0$ であるから，

BCの長さは，$\dfrac{1+\sqrt{5}}{2}$

評価（判断）の理由

・比例式から，解の公式を用いて，二次方程式を解き，BCの長さを求めることができればB評価とする。

Cの学習状況に対する指導・支援の手だて

・比例式から，$ax^2+bx+c=0$ の形に変形できない生徒や，解の公式を用いて二次方程式を解くことができない生徒には，比例式の性質や解の公式の用い方について確認する。

・$\dfrac{1\pm\sqrt{5}}{2}$ の両方を問題の答えとしている生徒には，問題解決の過程を振り返り，得られた解が問題の答えとして適切であるかどうかを，問題に即して確認させる。

学びを深めるゴール問題

その後の学習活動で，もとの長方形から正方形の部分を切り取った，残りの長方形に着目し，また別の対応する辺の比に着目して発展的に考察する以下の評価問題を出題し，生徒の状況を見取る。

相似な図形や三平方の定理等を活用する場面なども含め，二次方程式への理解を一層深めることが大切である。一元一次方程式や連立二元一次方程式の活用と同じように，解決のための一連の活動を通して考えることを大切にしたい。

また，授業の終末では新たに教科書などに掲載されている日常の事象や，社会の事象における問題を提示し，求めたい数量に着目し文字で表したり，問題の中の数量やその関係から2通りに表される数量を文字を用いた式で表したりして，方程式を活用する活動を取り入れることが考えられる。

評価問題例

先ほどの問題と同様に，長方形 DFEC から正方形を切り取った長方形も，対応する辺の比が等しいと考えて，BC の長さを求めることはできるか。また，その理由を説明しなさい。

A評価の生徒のすがた

解答例

BCの長さは，$\dfrac{1+\sqrt{5}}{2}$

同様に，長方形DFECから正方形を切り取った長方形も，対応する辺の比が等しいと考えると，

$(x-1):1=(2-x):(x-1)$

となり，この方程式を解くと，

$(x-1)^2=2-x$

$x^2-x-1=0$

となり，同じBCの長さが求めることができる。

評価（判断）の理由

・長方形DFECから正方形を切り取った長方形の辺の比について同様に考え，比例式をつくって考察することができれば，A評価とする。

167

図形の相似

単元の学習目標　相似な図形の意味および相似比と面積比，体積比の関係について理解し，具体的な場面で相似な図形の性質を活用した問題解決ができるようになろう

単元でめざす生徒の成長のイメージ

単元の導入

> 図形の向きが違うと，どの辺が対応しているかわかりにくいな。辺の長さが2倍なら，面積も2倍になるのかな。

単元学習後

> 相似形をみつけると，いろいろな場面で役に立ちそうだ。

評価のポイントとなる2場面と指導の手だて

　図形の求答問題は難なくできるのに，証明問題になると手が付けられない生徒が多い。このつまずきは，証明問題への慣れや練習が足りない以前に，図形の問題を視覚的な捉えで解いてしまい，問題解決のプロセスが既習の概念的知識と結びつかず，論理的な思考ができていないことに起因するケースが考えられる。

　評価場面1は，相似な図形の対応する辺の長さを求める求答問題である。相似な図形の対応する辺に着目して，粘り強く考えることへの慣れや成功体験をつくることをねらった，発見学習的な活動であり，生徒にとっても比較的取り組みやすいと思われる。求めた辺の長さの正誤や計算の技能よりも，相似な図形の性質の意味を理解できているか見取りたい。

　評価場面2は，既習の図形の性質について，条件を一部変えて発展的に考える証明の問題である。ある意味では，単元全体のゴールといえるものである。

単元の評価規準

知識・技能	思考・判断・表現	主体的に学習に取り組む態度
❶ 平面図形の相似の意味および三角形の相似条件について理解している。	❶ 三角形の相似条件などをもとにして図形の基本的な性質を論理的に確かめることができる。	❶ 相似な図形の意味や三角形の相似条件など図形の基本的な性質のよさを実感して粘り強く考えようとしている。
❷ 相似な図形の性質について理解している。	❷ 平行線と線分の比についての性質を見いだし，それらを確かめることができる。	❷ 図形の相似について学んだことを生活や学習に生かそうとしている。
❸ 基本的な立体の相似の意味および相似な図形の相似比と面積比や体積比との関係について理解している。	❸ 相似な図形の性質を具体的な場面で活用することができる。	❸ 相似な図形の性質を活用した問題解決の場面を振り返って評価・改善しようとしている。

指導と評価の計画

次	学習の流れ （◎）学習内容　　（・）学習活動	おもな評価規準 ●：記録に残す評価 ○：記録に残さない評価
1	◎ 相似の意味，三角形の相似条件，基本的な性質（第1～6時） ・相似の意味や三角形の相似条件についてまとめる。	知① 思① 主①
	・相似な図形の性質について理解する。【評価場面❶】	知② 主①
	・三角形の相似条件などをもとにして証明の方針を立てたり振り返ったりして，図形の基本的な性質を論理的に確かめる。	主❶
2	◎ 平行線と線分の比（第7～10時） ・平行線と線分の比の性質を観察や操作を通して見いだし，演繹的な推論で確かめる。	思②
	・平行線と線分の比についての内容を，点の位置を変えて発展的に扱ったり，その結果を統合的に捉えたりする。	主③
3	◎ 立体の相似，相似比と面積比と体積比（第11～14時） ・平面図形の相似の意味から類推し，基本的な立体の相似の意味や相似比，相似な平面図形の面積比，相似な立体の体積比の関係について考察する。	知③
4	◎ 相似な図形の性質の活用（第15～17時） ・相似な図形の性質を具体的な場面で活用する。【評価場面❷】	思❸ 主❷
	◎ 問題解決の振り返り・改善（第16～18時） ・相似な図形の性質を活用した問題解決の場面を振り返り，評価・改善する。	主❸
	・図形の学習や日常生活での活用の深まりを自分なりにまとめる。	
テスト	・単元の評価規準を踏まえ，例えば，相似な図形の性質を活用している比の式がどれかを，選択式で出題し，意味理解の状況を評価したり，図形の証明について授業で繰り返し扱った問題と初見の問題の両方を出題し，思考力，判断力，表現力等の状況を評価したりする。(知❶❷❸ 思❶❷❸)	

相似な図形の性質について理解する

評価規準

	知識・技能	思考・判断・表現	主体的に学習に取り組む態度
②	相似な図形の性質について理解している。		

授業づくり（形成的な評価）のポイント

　図形について，小学校算数科では直観的な取り扱いをしていることもあるが，直観的に見抜いた図形の性質や関係を，数学的な推論にもとづいて考察し表現することについて，第2学年までの図形学習の成果を発揮できるようにすることが大切である。ところが，相似な図形の対応する辺の長さを求める練習問題では，生徒の意識が，辺の長さの正誤に向いてしまい，相似な図形の性質から離れてしまうことがある。相似な図形の辺の関係は，合同な図形よりも直観的に捉えにくいところがあったり，平行線と線分の比についての性質など，図形の性質を根拠に線分の比について考察したりするので，図形の構成要素に着目して考える必要性を実感できるように工夫したい。

　後の平行線と比の学習で扱う問題を一部先取りして取り上げ，問題の配列等を工夫することで，生徒が相似な図形の性質の理解を深めたり，単元のまとまりを見通したりすることができるように工夫することが大切である。

生徒のつまずきを明らかにする確認問題

　授業の導入では，「相似な図形の対応する辺の比はすべて等しい」という相似な図形の性質について確認し，練習問題に取り組んでいく。

　その際，1問1答1解説ではなく，右のように複数問を提示し，一気に取り組ませることで，生徒が粘り強く考え，自らの学習を調整できるよう支援する。

　生徒は求答問題として取り組むと思われるが，xの値の正誤ではなく，比例式を正しくつくったかどうかで，相似な図形の性質を理解できているかを見取る。

　そのなかの1問に，次のような評価問題を取り上げ，学習状況を見取る。本問題では，あえて図の向きをそろえないことで，相似な図形の対応する辺の比に着目しているかどうかを意識できるようにしている。

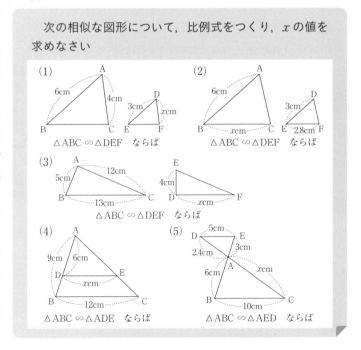

170

評価問題例

次の相似な図形について，比例式をつくり，x の値を求めなさい。

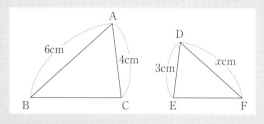

△ABC∽△DFE　ならば ▢

B評価の生徒のすがた

解答例

相似な図形の対応する辺の長さの比はすべて等しいから，
$\quad$ △ABC∽△DFE ならば AB:DF=AC:DE
したがって，
$\quad$ 6:x=4:3
$\quad\quad$ 4x=18
$\quad\quad\ \ x$=4.5

評価（判断）の理由

・x の値の正誤ではなく，比例式を正しくつくったかどうかで，相似な図形の性質を理解できているかを評価する。したがって，比例式を解く計算に誤りがあっても，比例式が正しければB評価とする。

Cの学習状況に対する指導・支援の手だて

・机間巡視を行い生徒の状況を見取った後，答えを生徒に提示する前に「x=4となった人は誤りです」と知らせると，教室のあちこちで話し合いが始まり，対応する辺の比を誤って「6:3=4:x」としていた生徒から「なるほど！」「ひっかかった！」という声が聞こえるようになる。このようにして，主体的・対話的な学びを通して粘り強く考え，修正できるよう支援し，あらためて本問題を解説し，「6:x=4:3」であることを再確認できるようにする。

学びを深めるゴール問題

　理解の定着を確認するため，授業の終末では以下の問題で生徒の状況を見取る。

評価問題例

先ほどの問題で，「$6:3=4:x$」として，x の値を求めてはいけないわけを説明しなさい。

A評価の生徒のすがた

解答例

AB:DE=AC:DFは，相似な図形の対応する辺の比ではないので，「6:3=4:x」として求めてはいけない。

評価（判断）の理由

・誤りのある求め方に対して相似な図形の性質をもとにして説明できていれば，A評価と判断する。

相似な図形の性質を具体的な場面で活用する

本時の評価規準

知識・技能	思考・判断・表現	主体的に学習に取り組む態度
	❸ 相似な図形の性質を具体的な 場面で活用することができ る。	

生徒のつまずきを明らかにする確認問題

　相似な図形の性質を活用する場面では，与えられた図形の中の相似な三角形に着目するなどして，線分の比を見いだしたり位置関係を捉えたりすることが必要となる。

　本時のねらいは，「△ABCの∠Aの二等分線と辺BCの交点をDとすると，AB：AC＝BD：DCとなる」ことを見いだし，相似な図形の性質を活用し，証明の方針を立てられるようになることである。

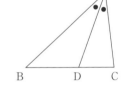

　授業の導入では，第2学年で学習した「二等辺三角形の頂角の二等分線は，底辺を垂直に二等分する」という性質をもとに，「二等辺という条件を外して一般の三角形にしたらどうなるか」といった条件を変えて発展的に考える活動を取り入れ，三角形の性質を考える。授業の後半で以下の評価問題を提示する。

評価問題例

　△ABC の ∠A の二等分線と辺 BC との交点を D とすると，AB：AC＝BD：DC となります。このことを証明しなさい。

　さとしさんは，図1のように，点 C を通り，AD に平行な直線をひき，辺 BA の延長との交点を E として，次のように証明しました。

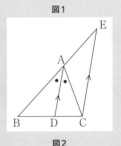
図1

【さとしさんの証明】
△BCEで，AD∥CEなので，三角形と比の定理よりBD:DC=BA:AE　…①
また，平行線の同位角は等しいから∠BAD＝∠AEC
平行線の錯角は等しいから∠DAC＝∠ACE
仮定より，∠BAD＝∠DACなので，∠AEC＝∠ACE
2角が等しい三角形は二等辺三角形なので，AC＝AE　…②
したがって，①，②より，AB:AC＝BD:DC

　次に，右の図2のように，点 C を通り，AB に平行な直線をひき，辺 AD の延長との交点を E として証明します。

　【さとしさんの証明】を参考にして，AB：AC＝BD：DC となることを証明しなさい。

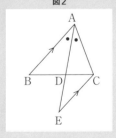
図2

B評価の生徒のすがた

解答例

△ABDと△ECDにおいて
平行線の錯角は等しいので∠ABD＝∠ECD，∠BAD＝∠CED
2組の角がそれぞれ等しいから△ABD∽△ECD
相似な図形の対応する辺の比は等しいからAB：EC＝BD：CD　…①
また，仮定より∠BAD＝∠CEDなので，∠CED＝∠CAE
2角が等しい三角形は二等辺三角形なのでAC＝EC　…②
したがって，①，②よりAB：AC＝BD：CD　…③

評価（判断）の理由

・証明で，①②③について筋道立てて記述していればB評価とする（表現不十分を許容する）。

Cの学習状況に対する指導・支援の手だて

・証明をかくことができない生徒には，「さとしさんの証明」を読み，三段論法の考えになっていることや相似な図形の性質等の既習事項が活用されていることなどについて話し合う活動を取り入れる。

・上記の活動後，図2について相似な図形や二等辺三角形がないかを探すなど，証明の方針を立てる話し合い活動を取り入れる。

・証明について，図を見ながら口述する活動を取り入れてから記述へ移行する。

学びを深めるゴール問題

　「生徒のつまずきを明らかにする確認問題」で証明した性質を用いて，以下のような，授業の導入時に取り上げた既習の図形の性質をあらためて証明する問題を提示し，生徒の状況を見取る。

　授業の終末では，上記の問題を，証明として整理するとともに，別の補助線の引き方を取り上げる。各自で証明の方針を立てて説明する活動として位置付け，生徒の学習状況を見取る。

評価問題例

　今日の授業で証明した性質を用いて，2年生で学習した「二等辺三角形の頂角の二等分線は，底辺を垂直に二等分する」ことを，あらためて証明しなさい。

A評価の生徒のすがた

解答例

△ABDと△ACDにおいて
　　仮定より　AB＝AC　…①
　　点Dは∠Aの二等分線と辺BCとの交点なのでAB：AC＝BD：CD
　　このとき，AB＝ACなので，BD：CD＝1：1で，BD＝CD　…②
　　ADは共通　…③
　①，②，③より，
　　3組の辺が等しいので
　　△ABD≡△ACD
　　合同な図形の対応する角は等しいので∠ADB＝∠ADC
　　また，∠ADB＋∠ADC＝180°なので，∠ADB＝∠ADC＝90°
　したがって，二等辺三角形の頂角の二等分線は，底辺を垂直に二等分する。

評価（判断）の理由

・証明した図形の性質を用いて，他の図形の性質を証明していればA評価とする。

第3学年 「B図形」（2）

円周角と中心角の関係

単元の学習目標 円周角と中心角の関係を理解し，作図や証明問題など具体的な場面で活用できるようになろう

単元でめざす生徒の成長のイメージ

単元の導入

円周角の定理は覚えたけど，それを証明しろっていわれても全然わからないな。

単元学習後

円周角と中心角の関係を活用して作図もできるようになったよ。

評価のポイントとなる2場面と指導の手だて

　円周角と中心角の関係では，角の大きさを求めるだけでもむずかしいのに，証明に円周角と中心角の位置関係の場合分けが出てくると，生徒だけではなかなか証明することができない。円周角と中心角の関係については，自力で証明することではなく，その証明を読んで，そこから，どのような図形の性質が用いられているのかを考えることが大切である。

　評価場面1では，円周角と中心角の関係の証明を提示し，その証明を読む活動を通してどのような図形の性質が用いられているかを考える。さらに，円周上の点Pの位置を変えて発展的に考える。点Pの位置が変わっても，証明に必要な2つの図形の性質は変わらないことに気づけているかを見取る。

　評価場面2は，第1学年で学習した円の接線の作図の問題から，条件を変えて発展的に考える問題である。円周角と中心角の関係を具体的な場面で活用できるかを見取り，評価する。

単元の評価規準

知識・技能	思考・判断・表現	主体的に学習に取り組む態度
❶ 円周角と中心角の関係の意味を理解し，それが証明できることを知っている。 ❷ 円周角の定理の逆の意味を理解している。	❶ 円周角と中心角の関係を見いだすことができる。 ❷ 円周角と中心角の関係の証明を読み，どのような図形の性質が用いられているのかを考えることができる。 ❸ 円周角と中心角の関係を具体的な場面で活用することができる。	❶ 円周角と中心角の関係のよさを実感して粘り強く考えようとしている。 ❷ 円周角と中心角の関係について学んだことを生活や学習に生かそうとしている。 ❸ 円周角と中心角の関係を活用した問題解決の場面を振り返って評価・改善しようとしている。

指導と評価の計画

次	学習の流れ （◎）学習内容　　（・）学習活動	おもな評価規準 ●：記録に残す評価 〇：記録に残さない評価
1	◎　円周角と中心角の関係の意味とその証明（第 1 ～ 6 時） ・円周角の意味，円周角と中心角の関係および同じ弧に対する円周角の性質の意味を理解する。 ・円周角と中心角の関係の証明を読み，どのような図形の性質が用いられているのかを考える。【評価場面❶】 ・円周角と中心角の関係を用いて，角の大きさを求める。 ・円周角の定理の逆について理解する。	 知① 思① 思② 主〇① 知② 主●①
2	◎　円周角と中心角の関係の活用（第 7 ～ 10 時） ・円周角と中心角の関係を具体的な場面で活用する。【評価場面❷】 ・与えられた図形の中に円を見いだしたり，日常生活の場面で対象を理想化，単純化することで円とみなしたりして，円周角と中心角の関係を用いて図形の性質を考える。	 思❸ 主②③ 主❷❸
テスト	・単元の評価規準を踏まえ，例えば，円周角と中心角の関係の証明を読み，どのような図形の性質が用いられているのかを短答式で出題し，意味理解の状況を評価したり，円周角と中心角の関係を活用する問題場面で，円〇の外側にある 1 点 P を通る円〇の接線を作図する問題を出題したりする。活用問題では，思考力，判断力，表現力等の状況を評価する。（知❶❷　思❶❷❸）	

円周角と中心角の関係の証明を読み，どのような図形の性質が用いられているのかを考える

評価規準

知識・技能	思考・判断・表現	主体的に学習に取り組む態度
	② 円周角と中心角の関係の証明を読み，どのような図形の性質が用いられているのかを考えることができる。	

授業づくり（形成的な評価）のポイント

　本時では，円周角と中心角の間にある「一つの円において，同じ弧に対する円周角の大きさは，中心角の大きさの$\frac{1}{2}$である」という関係を，観察や操作，実験などの活動を通して見いだすことができるようにする。その際，証明まで求めるのではなく，証明できることがわかればよい。

　そこで，「一つの円において，同じ弧に対する円周角の大きさは，中心角の大きさの$\frac{1}{2}$である」という関係について，既習である「二等辺三角形の底角は等しいこと」と「三角形の一つの外角はそれととなり合わない2つの内角の和に等しいこと」などを証明の根拠としていることが理解できるようにする。なお，本時では，円周角と中心角の位置関係に関する場合分けの必要性を理解することがねらいではなく，証明のよさを理解できるようにすることであることに留意する。

生徒のつまずきを明らかにする確認問題

　授業のはじめに，右の図で点Pが P$_2$の位置にある場合を取り上げ，「一つの円において，同じ弧に対する円周角の大きさは，中心角の大きさの$\frac{1}{2}$である」という証明を示したうえで，「この証明に使われている既習の図形の性質はいくつですか？」などと問いかける。既習の2つの図形の性質を根拠として証明していることを生徒と確認できたら，条件を変えて発展的に考える活動として，少し特殊なP$_1$の場合を取り上げる。同じ2つの図形の性質を根拠にして証明できることに気付けるよう考えさせる活動を取り入れた後，以下の評価問題で，生徒の学習状況を見取る。

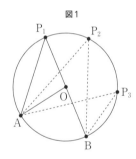

図1

評価問題例

　右の図のように，円 O の円周上に 2 点 A，B をとり，PB が直径であるとき，∠APB＝$\frac{1}{2}$∠AOB となることは，次のように証明できます。

図2

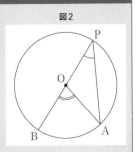

証明
OP＝OAであるから，∠OAP＝∠APB …①
∠AOBは，△OPAの外角であるから，
∠AOB＝∠APB＋∠OAP＝2∠APB …②
したがって，∠APB＝$\frac{1}{2}$∠AOB

　このとき，証明の①，②で根拠として用いられている事柄について説明しなさい。

B評価の生徒のすがた

解答例

①二等辺三角形の底角は等しいこと
②三角形の一つの外角はそれととなり合わない2つの内角の和に等しいこと

評価（判断）の理由

・証明で用いられている2つの図形の性質について記述していればB評価とする（表現が不十分なものを許容する）。

Cの学習状況に対する指導・支援の手だて

・2学年の図形の性質の理解でつまずいている生徒には，図形の性質をあらためて確認するとともに，三角形の合同の証明を提示し，「証明を読む」活動を取り入れる。「証明を読む」とは，音読したり文字情報として読み取ったりすることではなく，図と照らし合わせるなどして，どのような図形の性質が根拠として用いられているか考えたり，推論のストーリーを理解したりすることである。

・「証明を読む」活動は，証明を書くことの学習状況と密接に関連しているので，例えば，右の図で，「OA＝OBのときに，∠OAP＝∠OPA」がいえる理由を考えたり，「∠OPA＋∠OAP＝2∠OPA」となる理由を話し合ったりする活動を取り入れる。

図3

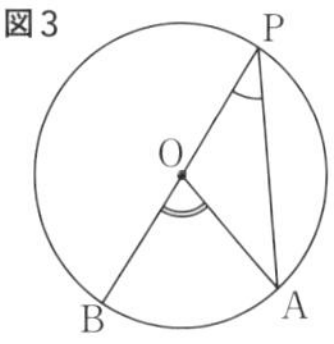

学びを深めるゴール問題

　続けて点Pの位置がP₃の場合を取り上げ，以下のように，円周角と中心角の関係について考察する活動を取り入れ，生徒の状況を見取る。

　生徒は点Pの位置が変わると，証明も別々に考えるものと捉えがちである。そのため，「今度はどこに二等辺三角形があるの？」「どこに三角形の外角があるの？」といった声かけを適宜行い，見通しをもって，P₃と円の中心Oを通る直線を補助線として考え考察できるようにしたい。

評価問題例

　図1において，点PがP₃の位置にある場合について，今日の学習を振り返り，どのように考えればよいかの見通しを述べなさい。

A評価の生徒のすがた

解答例

　点P₁やP₂のときだけでなく，点P₃の位置になっても，すべて「二等辺三角形の底角は等しいこと」と「三角形の一つの外角はそれととなり合わない2つの内角の和に等しいこと」の2つの性質を用いて，同様に証明できるのではないか。
　そのためには，点P₃と点Oを通る直線を補助線として，考えればよい。

評価（判断）の理由

・点PがP₃の位置にある場合について，同じ2つの図形の性質を根拠にして証明するために，補助線を引くことを述べているなど，証明の見通しを立てていればA評価とする。

円周角と中心角の関係を具体的な場面で活用する

本時の評価規準

知識・技能	思考・判断・表現	主体的に学習に取り組む態度
	❸ 円周角と中心角の関係を具体的な場面で活用することができる。	

生徒のつまずきを明らかにする確認問題

　円周角と中心角の関係を活用するために，第1学年で学習した，図1のような円周上の1点を通る接線の作図を踏まえて，点Pの位置を円周上から円の外側に変える。以下のように，円Oの外側にある1点Pから円Oに接線を作図する場面で，発展的に考える活動として授業を導入する。

図1

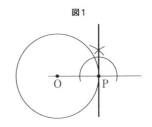

評価問題例

　円Oの外側にある1点Pを通る円Oの接線を作図しなさい。ただし，作図に使った線は消さないで残しておくこと。

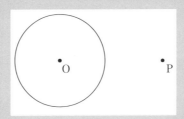

B評価の生徒のすがた

解答例

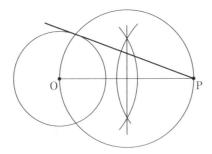

評価（判断）の理由

・線分OPの垂直二等分線を作図し，OPを直径とする円をかき，点Oとの交点を接点として接線を作図していればB評価とする。

178

Cの学習状況に対する指導・支援の手だて

・結論を導くために必要な事柄を結論から逆向きに考えたり，仮定や仮定から導かれる事柄を明らかにしたりする。そのうえで，それらを結び付けるには，あと何がいえればよいかを考えさせ，作図の方針について考える練習を行う。

・作図の方針について話し合う活動を取り入れ，点Pから円Oに接線PQをひくと，∠OQP＝90°となること，第1学年で学習した点Qの位置が決まっているときの接線の作図方法が使えないことから，線分OPを直径とする円がかければ点Qが決まることや，そのためには直径OPの垂直二等分線を作図し，円の中心を決める必要があることに気づかせる。

　B評価の生徒のなかにも，試行錯誤して作図の方法を導き出した生徒が出てくると思われる。偶然に答えを導き出せたという場合もあるので，B評価がついた生徒を含め，すべての生徒に以下のような考え方を導き出せるような活動を行う。

　「点Pから円Oに接線PQがひけたとすると」のように考え，円の接線は，その接点を通る半径に垂直であるから，図2のように，点Pから円Oに接線PQをひくと，∠OQP＝90°と考えられる。したがって，接点Qの位置を決めるには，線分OPを直径とする円O′をかき，円Oとの交点をQとすればよい，といったように作図の見通しを立てる活動を取り入れる。

　グループ活動などで作図の手順をまとめた後，あらためて本問題を出題することも考えられる。

図2

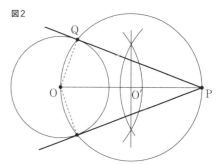

学びを深めるゴール問題

　円周角と中心角の関係に着目し，この作図の方法について，以下のように説明する活動を取り入れ，生徒の状況を見取る。

評価問題例

この作図が正しいわけを，説明しなさい。

A評価の生徒のすがた

解答例

　図2で，∠OQP＝90°となるということは，この∠OPQは，OPを直径とする円の円周角である。
したがって，接点Qの位置を決めるには，線分OPを直径とする円O'をかき，円Oとの交点をQとすればよい。

評価（判断）の理由

・作図が正しい理由を，円周角と中心角の関係をもとにして説明していればA評価とする。

三平方の定理

単元でめざす生徒の成長のイメージ

次は三平方の定理かぁ。数学は暗記することばかりだなぁ。

単元の導入

三平方の定理は平方根や二次方程式とも密接にかかわっているんだね。

単元学習後

評価のポイントとなる2場面と指導の手だて

　三平方の定理は，図形の証明問題に使われるだけでなく，長さを求める問題では二次方程式の活用になるため，生徒によっては苦手意識が強い。$a^2+b^2=c^2$ の計算に終始することなく，図形領域の総仕上げとしての位置付けが明確になるような授業改善を考えたい。

　三平方の定理は，数学において重要な定理である。測量の分野でも用いられるなど，活用される範囲がきわめて広い。単なる図形の性質の証明としてではなく，直角三角形だからこそ成り立つ関係の美しさに触れられるような工夫と配慮が望まれる。

　評価場面1は，三平方の定理の逆について考える場面で，結論を選択したうえで説明を記述する問題である。生徒が3辺のうちもっとも長い辺に着目して理解しているかについて見取る。

　評価場面2は，土地の測量の「三斜法」という方法を取り上げ，三角形の面積を求める方法を説明する。三平方の定理を具体的な場面で活用できるかを見取る。

単元の評価規準

知識・技能	思考・判断・表現	主体的に学習に取り組む態度
❶ 三平方の定理の意味を理解し，それが証明できることを知っている。 ❷ 三平方の定理の逆の意味を理解している。	❶ 三平方の定理を見いだすことができる。 ❷ 三平方の定理を具体的な場面で活用することができる。	❶ 三平方の定理のよさを実感して粘り強く考えようとしている。 ❷ 三平方の定理について学んだことを生活や学習に生かそうとしている。 ❸ 三平方の定理を活用した問題解決の場面を振り返って評価・改善しようとしている。

指導と評価の計画

次	学習の流れ （◎）学習内容　　（・）学習活動	おもな評価規準 ●：記録に残す評価 ○：記録に残さない評価
1	◎　三平方の定理の意味とその証明（第1〜4時） ・直角三角形の3辺の長さの間に成り立つ関係に着目し，三平方の定理を見いだす。 ・三平方の定理の意味や，三平方の定理が証明できることを理解する。 ・三平方の定理を用いて，直角三角形の辺の長さなどを求める。 ・三平方の定理の逆について理解する。【評価場面❶】	思❶ 知①　主❶ 知②
2	◎　三平方の定理を具体的な場面で活用すること（第5〜13時） ・三平方の定理を具体的な場面で活用する。【評価場面❷】 ・与えられた図形の中に直角三角形を見いだしたり，日常生活の場面で対象を理想化，単純化することで直角三角形とみなしたりして，三平方の定理を用いて図形の性質などを考える。	思❷　主② 主❷❸
テスト	・単元の評価規準を踏まえ，例えば，三平方の定理の証明を読み，どのような図形の性質が用いられているのかを短答式で出題し，意味理解の状況を評価したり，三平方の定理を活用する問題場面で，土地の面積を求める問題を出題したりする。活用問題では，思考力，判断力，表現力等の状況を評価する。 （知❶❷　思❶❷）	

三平方の定理の逆について理解する

評価規準

知識・技能	思考・判断・表現	主体的に学習に取り組む態度
② 三平方の定理の逆の意味を理解している。		

授業づくり（形成的な評価）のポイント

　三平方の定理を学習する際は，直角三角形であることを前提条件として考察するので，斜辺がどの辺であるかが明白である。一方，三平方の定理の逆「三角形の3辺の長さをa, b, cとするとき，$a^2+b^2=c^2$ならば，この三角形は直角三角形である」については，3辺のうち最も長い辺をc（直角三角形の斜辺），それ以外の2辺をa, bとして，$a^2+b^2=c^2$が成り立つかどうかを調べる必要がある。3辺のうち最も長い辺がどれかによって，場合分けして考察する方法は，今までの学習で経験のない方法のため，生徒がつまずきやすい。生徒が見通しをもって活動できるよう，話し合い活動を取り入れるなどして，意味理解を深めることができるようにしたい。

　三平方の定理の逆の学習では，その証明に深入りするのではなく，直角三角形になるかどうかは3辺の長さの関係によって決定されていることに着目できるように工夫することが大切である。したがって，三角形の3辺の長さが与えられたときに，その三角形が直角三角形であるかを判断したり，三角形の2辺の長さが与えられたときに，もう1つの辺の長さが何cmのときにその三角形が直角三角形になるかを調べたりする活動を取り入れる。

　三平方の定理の学習は，平方根や二次方程式などともかかわりが深く，正八面体の体積を求めるなど，求積の問題も多いので，立式や求め方を注視してしまうことがある。しかしそうではなく，図形の学習として，その構成要素や位置関係等に着目して考えることや，数学的な推論に基づいて考察し表現することなど，中学校3年間で育んできた数学的な見方・考え方が豊かに働くような学習活動を工夫するようにしたい。

学びを深めるゴール問題

　前時までの三平方の定理の学習について振り返り，条件を見直して定理の逆を考え，その三角形が直角三角形であるといえるかを調べる活動を取り入れる。

　授業の終末で，次のような問題を提示し，生徒の学習状況を見取る。

評価問題例

三角形の2辺の長さが3cm，4cmのとき，もう1辺の長さが何cmならば，この三角形が直角三角形になるかについて考えます。このとき，次のア，イからどちらか1つを選び，その理由を説明しなさい。

　　ア　この三角形が直角三角形になるのは，もう1辺の長さが5cmのときだけである。
　　イ　この三角形が直角三角形になるのは，もう1辺の長さが5cmのときだけではない。

B評価の生徒のすがた

解答例

イ

評価（判断）の理由

・「イ」を選択していればB評価とする。

A評価の生徒のすがた

解答例

イ

理由：もう1辺の長さが5cmのときは，これを斜辺として，$3^2+4^2=5^2$が成り立つから，この三角形は直角三角形である。
　また，もう1辺の長さが4cmより短いときに，4cmを斜辺とする直角三角形ができるはずなので，この三角形が直角三角形になるのは，もう1辺の長さが5cmのときだけとはいえない。

評価（判断）の理由

・「イ」を選択し，この三角形で斜辺が4cmになる場合を取り上げて理由を説明していればA評価とする。

Cの学習状況に対する指導・支援の手だて

・「ア」を選択した生徒は，「$3^2+4^2=5^2$が成り立つから，この三角形は直角三角形である」と考えた可能性が高く，三平方の定理の逆を考える際に，どの辺が斜辺（最も長い辺）なのかに着目して考える必要性を理解できていない。もう1つの辺の長さを変えて，もう1辺が4cmより長く斜辺になる場合と，4cmより短く斜辺にならない場合があることを見いだせるように，答えを生徒に伝える前に，「もう1辺の長さが5cmのとき，この三角形が直角三角形になることは確かめられたね。でも，アとイのどちらが正解かを選ぶには，『5cmのときだけではないのか』を明らかにする必要がある。そこはどう考えたのかな？」などと声をかけ，生徒が話し合う活動を取り入れる。

留意点 ICTを活用して，もう1つの辺の長さが変わるとき，この三角形の形がどのように変化するかについて調べるなど，生徒の主体的・対話的で深い学びの実現を図る機会とすることも考えられる。

三平方の定理を具体的な場面で活用する

本時の評価規準

知識・技能	思考・判断・表現	主体的に学習に取り組む態度
	❷ 三平方の定理を具体的な場面で活用することができる。	

学びを深めるゴール問題

　授業の導入で，土地の測量で用いられている「三斜法（土地の面積を求めるときに，いくつかの三角形に分割し，それぞれの三角形の3辺の長さを測って，面積を求め，それらを合計していく方法）」を取り上げ，以下の問題で生徒の学習状況を見取る。学校の敷地の図面等にも三角形に分割するための線分やそれぞれの長さなどが記してあるので，実際の図面を提示して導入することも考えられる。

　はじめからxやhなどを図に示して，「高さhを求めなさい」のように問題を提示するだけでは，単なる練習問題にしかならない。そこで，実際の土地の測量場面を想起し，三角形の3辺の長さを調べて面積を計算する方法が実際にあることを体験できるようにしたい。

　生徒の状況によっては，授業の中で問題解決に取り組んだうえで，授業の終末で，学習を振り返ってあらためて三斜法の計算方法を説明する問題を扱ったり，レポート課題として各自でまとめたり，さらに校舎の敷地面積などについて発展的に考える活動を取り入れたりすることも考えられる。

評価問題例

　右の図のような五角形の土地があります。

　この土地の面積を求めるために，五角形を三角形に分けて考えることにして，ある三角形の各辺の長さを測ったところ，13m，14m，15mでした。

　この三角形の面積を求める方法を説明し土地の面積を求めなさい。

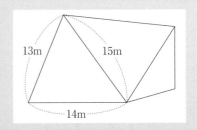

B評価の生徒のすがた

解答例

右の図のように，
三角形の面積を求めるために，高さをh(m)として，2つの直角三角形にわけて，
底辺をxを使った式で表し，
三平方の定理から，$x^2+h^2=13^2$と，$(14-x)^2+h^2=152$
として，高さhを求めれば，三角形の面積を求めることができる。

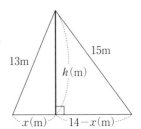

評価（判断）の理由

・図に示すなどして，三平方の定理を使って高さを求める方法を説明していればB評価とする。

Ａ評価の生徒のすがた

解答例

三平方の定理より

$(14-x)^2 + h^2 = 15^2$

$(14-x)^2 + (13^2 - x^2) = 15^2$

$(196 - 28x + x^2) + (169 - x^2) = 225$

$365 - 28x = 225$

$x = 5$

もう一つの式に代入して，

$5^2 + h^2 = 13^2$

$25 + h^2 = 169$

$h^2 = 144$

$h = 12 \ (h > 0 \text{なので})$

したがって，

$14 \times 12 \div 2 = 84$

よって，三角形の面積は84m^2

評価（判断）の理由

・2つの式から高さを求め，この三角形の面積を求めるなどしていればＡ評価とする。

Ｃの学習状況に対する指導・支援の手だて

・三角形の面積を「底辺×高さ÷2」の公式で求めるために，高さを求める必要があることや，高さを求めるために垂線をひき，2つの直角三角形として，三平方の定理が使えそうなこと，2つの文字を使って考えられそうなことなどを話し合って，証明の見通しをもてるようにする。

関数 $y = ax^2$

単元の学習目標　さまざまな事象の中に関数関係があることを理解し，$y = ax^2$ として捉えられる2つの数量について，変化や対応の特徴を見いだして表現できるようになろう

単元でめざす生徒の成長のイメージ

単元の導入

$y = ax^2$ は，グラフの変化が一定じゃないし，式も複雑で分かりにくいなぁ。

単元学習後

$y = ax^2$ で表される関係は，生活のさまざまな事象とかかわりがあることがわかった。

評価のポイントとなる2場面と指導の手だて

　関数は，具体的な事象とのかかわりの中で学習することが大切である。しかし，活用場面として関数 $y = ax^2$ の具体的事象を取り上げても，問題場面の理解に時間がかかって，苦手意識をもつ生徒は多い。

　生徒のつまずきを見取り，生かしながら，具体的な事象における2つの数量の変化や対応を調べる活動を通して，表，式，グラフに表せるようにしていく。また，それらを相互に関連付けて，変化の割合やグラフの特徴などを読みとり，関数の理解を一層深めるようにしたい。

　評価場面1は，自由落下の実験で，ピサの斜塔から落とした球にかかわる数量の変域を考える問題である。生徒が身近に感じられる具体的事象を通じて，x と y が表すものを文脈に即して捉えられているかを見取る。

　評価場面2は，既習の関数では捉えられない関数関係として「y は x^2 に反比例する」関係を取り上げる。活用場面として，明るさを表すルクスをとりあげ，そこに見られる変化や対応の特徴を調べる問題から，活用場面の評価を行う。

単元の評価規準

知識・技能	思考・判断・表現	主体的に学習に取り組む態度
❶ 関数 $y=ax^2$ について理解している。 ❷ 事象の中には関数 $y=ax^2$ として捉えられるものがあることを知っている。 ❸ いろいろな事象の中に，関数関係があることを理解している。	❶ 関数 $y=ax^2$ として捉えられる2つの数量について，変化や対応の特徴を見いだし，表，式，グラフを相互に関連付けて考察し，表現することができる。 ❷ 関数 $y=ax^2$ を用いて具体的な事象を捉え考察し，表現することができる。 ❸ いろいろな事象の中にある関数関係を見いだし，その変化や対応の特徴を説明することができる。	❶ 関数 $y=ax^2$ のよさを実感して粘り強く考えようとしている。 ❷ 関数 $y=ax^2$ について学んだことを生活や学習に生かそうとしている。 ❸ 関数 $y=ax^2$ を活用した問題解決の場面を振り返って評価・改善しようとしている。

指導と評価の計画

次	学習の流れ （◎）学習内容　（・）学習活動	おもな評価規準 ●：記録に残す評価 〇：記録に残さない評価
1	◎ **事象と関数 $y=ax^2$**（第1～3時） ・具体的な事象の中にある2つの数量の関係を，変化や対応に着目して調べ，関数 $y=ax^2$ で捉えられる2つの数量を見いだす。 ・関数 $y=ax^2$ の意味，2乗に比例することの意味を理解する。	主① 知①
2	◎ **関数 $y=ax^2$ の特徴**（第4～11時） ・関数 $y=ax^2$ の特徴を，表，式，グラフを相互に関連付けるなどして見いだす。 ・関数 $y=ax^2$ の変化の割合を求める。	思①　主❶
3	◎ **いろいろな事象と関数**（第12～15時） ・関数 $y=ax^2$ を用いて具体的な事象を捉え考察し表現する。【評価場面❶】 ・具体的な事象の中から取りだした2つの数量の関係を，理想化したり単純化したりして関数 $y=ax^2$ とみなして考察する。 ◎ **いろいろな事象と関数**（第16, 17時） ・いろいろな事象の中にある関数関係を見いだし，その変化や対応の特徴を説明する。【評価場面❷】	思❷　主②③ 知②　主❷❸ 知③　思❸
テスト	・単元の評価規準を踏まえ，例えば，具体的な事象の中から取りだした2つの数量の関係が，関数 $y=ax^2$ であるかを判断できるかを記述式で出題し，意味理解の状況を評価したり，関数 $y=ax^2$ を用いて調べたり予測したりした結果が適切であるかどうかを振り返って考える問題を出題し，思考力，判断力，表現力等の状況を評価する。（知❶❷❸　思❶❷❸）	

関数 $y=ax^2$ を用いて具体的な事象を捉え考察し表現する

評価規準

知識・技能	思考・判断・表現	主体的に学習に取り組む態度
	❷ 関数 $y=ax^2$ を用いて具体的な事象を捉え考察し，表現することができる。	

授業づくり（形成的な評価）のポイント

　関数 $y=ax^2$ にかかわる具体的な事象として，理科で学習する斜面を転がる物の運動や，車の制動距離，また，噴水の水がつくる形，パラボラアンテナなど，身近に感じたり目にしたりすることができるものがある。こうした事象を関数 $y=ax^2$ を用いて捉え説明することを通して，関数関係を見いだし考察し表現する力を養うことが大切である。

　本時では，具体的な事象として，ピサの斜塔の自由落下の実験を取り上げ，以下のような評価問題で生徒の学習状況を見取る。

　本問題のほかに，面積や体積を扱った具体的な場面で，関数 $y=ax^2$ について学ぶこともできる。例えば，円の面積を求める公式 $S=\pi r^2$ を，「S は r の2乗に比例する関数」と考えることで，「半径が2倍になると，面積は4倍になる」ことを見いだし，相似比と面積比の関係の理解を深めることができる。球の表面積を求める公式や錐体の体積を求める公式などを取り上げ，半径または高さどちらか1つの数量を固定し，体積との2つの数量の関係としてみることで，第1学年からの関数の学習を振り返ることも考えられる。

学びを深めるゴール問題

評価問題例

　高いところから物を落とすとき，落ち始めてから x 秒間に落ちる距離を y m とすると，$y=4.9x^2$ という関係があります。

　例えば，右の写真，イタリアの世界遺産「ピサの斜塔」は，高さ約58m（58,36m），8階建てで，階段は273段あります（ピサの斜塔公式サイト https://www.opapisa.it/en より）。

　ゆうとさんは，ガリレオがピサの斜塔から球を落としたという実験の話を聞き，さくらさんと次のように話をしています。

写真は「2000ピクセル以上のフリー写真素材集」より

ゆうと：ピサの斜塔の屋上から球を落とす実験がどうなったか，$y=4.9x^2$ の式を使って調べたら，こんな表になったよ。

x	0	1	2	3	4	5	…
y	0	4.9	19.6	44.1	78.4	122.5	…

さくら：この式だと，球を落として 3 秒間に落ちる距離は，$y=4.9\times3^2$ で 44.1m か。
　　　　でも，落ち始めてから 4 秒間に落ちる距離は，78.4m にはならないと思うよ。
ゆうと：えっ？　だって $y=4.9\times4^2$ で，78.4m になるんじゃないの？
　　　　計算は正しいと思うけど…。

　ゆうとさんは，この実験で球が落ち始めてから 4 秒間に落ちる距離は 78.4m になると予想しました。この予想は正しいですか。次のア，イのうちどちらか 1 つを選び，それを選んだ理由を説明しなさい。

　　ア　ゆうとさんの予想は正しい。
　　イ　ゆうとさんの予想は正しくない。

B評価の生徒のすがた

解答例

イ

理由：ピサの斜塔の高さは約 58m なので，落ちる距離が 78.4m になることはない。
　　　したがって，ゆうとさんの予想は正しくない。

評価（判断）の理由

・「イ」を選択し，ピサの斜塔の高さが約 58m であることを理由に記述していれば B 評価とする（表現不十分を許容する）。

A評価の生徒のすがた

解答例

イ

理由：ピサの斜塔の高さは約 58m なので，ゆうとさんは，表をつくって調べるときに，y の変域を $0\leqq y\leqq58$ として考える必要がある。
　　　$4.9x^2=58$ とすると，球を落として約 3.44 秒で地面に落ちる。
　　　したがって，問題に即して解釈すると，ゆうとさんの予想は正しくない。

評価（判断）の理由

・「イ」を選択し，ピサの斜塔の高さが約 58m であることを理由に記述していることに加え，y の変域を表したり地面に落ちる時間を求めたりしていれば A 評価とする。

Cの学習状況に対する指導・支援の手だて

・「ア」を選択した生徒は，関数 $y=4.9x^2$ を用いて調べたり予測したりした結果が適切であるか，ピサの斜塔という問題に即して振り返る際，変域について考える必要があることを理解していない可能性が高い。ICT などを用いて，物を落とす実験の様子を可視化するなどして，ゆうとさんの予想のとおり 4 秒間や 5 秒間のときに球が落ち続けるかを話し合う活動を取り入れる。

いろいろな事象の中にある関数関係を見いだし，その変化や対応の特徴を説明する

本時の評価規準

知識・技能	思考・判断・表現	主体的に学習に取り組む態度
	❸ いろいろな事象の中にある関数関係を見いだし，その変化や対応の特徴を説明することができる。	

学びを深めるゴール問題

　いろいろな事象の中に関数関係があることを理解できるようにする。身の回りにある交通機関の乗車距離と料金や，郵便物の重さと料金などを，依存関係にある2つの数量として捉え，表やグラフを用いて，その変化や対応の特徴を考察し説明し伝え合う数学的活動を通して，関数関係についての理解を深めることが大切である。

　授業の導入では，照明器具などの明るさを示すときに使われる「ルクス」という単位を紹介し，以下のような評価問題を提示して生徒の学習状況を見取る。

　ある光源からxm離れていて光源の方向に垂直な面の明るさをyルクスとすると，「yはx^2に反比例する」という関数関係があるということを，中学校の関数学習の総まとめの1つとして位置付ける。本問題を単元末のレポート課題として取り組ませることも考えられる。

　その際，この活動に生徒が主体的・対話的に取り組むことができるようにし，深い学びの実現につなげることが大切である。そのために，関数関係に着目し，その特徴を表，式，グラフを相互に関連付けて考察することができるよう，$y＝ax^2$の学習全体を通して，既習の関数との比較を重視するなど，指導とその計画を工夫したい。

評価問題例

　照明器具などの明るさを示すときに使われる単位の一つに，1m^{2}当たりの照度を表す「ルクス」という単位があります。

　「ルクス」は，光源から発した光が，照射対象の床や壁に当たったときの明るさを数値化したもので，ある光源からxm離れていて光源の方向に垂直な面の明るさをyルクスとしたときに，yはxの関数で，次の表のような関係があることがわかっています。

x	1	2	…	4	5	…	10	…
y	400	100	…	25	16	…	4	…

　ある光源からxm離れていて光源の方向に垂直な面の明るさをyルクスとすると，yはxの関数であるといえます。この関数は，いままでに習ったどの関数と似た特徴がありますか。次のアからエまでの中から1つ選び，それを選んだ理由を説明しなさい。

> ア　yはxに比例している。
> イ　yはxに反比例している。
> ウ　yはxの一次関数である。
> エ　yはxの2乗に比例している。

B評価の生徒のすがた

解答例

イ

理由：xの値が2倍，4倍になるとき，yの値が$\frac{1}{4}$倍，$\frac{1}{16}$倍になるから，反比例と似ている。

評価（判断）の理由

・「イ」を選択し，反比例と似た変化や対応の特徴について記述していればB評価とする（表現不十分を許容する）。

A評価の生徒のすがた

解答例

イ

理由：x^2とyの関係を表に整理すると，右の表のようになる。

x^2とyの積が一定になるから，反比例の特徴と似ている。

x^2	1	4	…	16	25	…	100	…
y	400	100	…	25	16	…	4	…

この考えは，$y=ax$から$y=ax^2$にして，yはxの2乗に比例する関数を考えたときと似ている。

評価（判断）の理由

・「イ」を選択し，関数$y=ax^2$の学習と関連付けるなど，反比例だけでなく，他の特徴も記述していればA評価とする。

Cの学習状況に対する指導・支援の手だて

・xとyの表をみてyの値が減少していることから「yはxに反比例する」と考えたり，x^2とyの関係に着目できなかったりする生徒には，xとyの関数関係が，既習の「比例，反比例」「一次関数」「関数$y=ax^2$」とは異なることを確認する活動を取り入れる。その際，生徒がx^2とyの関係に着目できるようにする。

標本調査

| 単元の学習目標 | 標本調査の必要性と意味を理解し，調査の結果から母集団の傾向を推定し判断したことを表現できるようになろう |

単元でめざす生徒の成長のイメージ

単元の導入

標本調査って意味あるの？　母集団を全部調べる全数調査の方が正確だよね？

単元学習後

母集団と同じ傾向をもつ標本からは，全体の傾向がわかるんだね。

評価のポイントとなる 2 場面と指導の手だて

　標本調査の単元では，母集団の一部分を標本として抽出する方法や，標本の傾向を調べることで母集団の傾向が読みとれることを理解する力，標本調査の方法や結果を批判的に考察し表現したり，母集団の傾向を推定し判断したりできる力を育てたい。ここでは特に，日常生活や社会で実際に行われている調査の方法や結果に着目できるように，単元の学習活動を工夫する。

　評価場面1は，標本調査の必要性を，生徒が実感を伴って理解できるようにすることをねらいとしている。品質検査のサンプリング調査を取り上げ，無作為抽出を具体的な場面としてイメージできているかを見取り形成的評価につなげる。

　評価場面2は，実際に行われた選挙の記事を踏まえ，標本調査の考えが用いられているかを調べたり話し合ったりする活動を取り入れ，考察したことをまとめたレポートを記録に残す評価として扱う。

単元の評価規準

知識・技能	思考・判断・表現	主体的に学習に取り組む態度
❶ 標本調査の必要性と意味を理解している。 ❷ コンピュータなどの情報手段を用いるなどして無作為に標本を取り出し，整理することができる。	❶ 標本調査の方法や結果を批判的に考察し表現することができる。 ❷ 簡単な場合について標本調査を行い，母集団の傾向を推定し判断することができる。	❶ 標本調査のよさを実感して粘り強く考えようとしている。 ❷ 標本調査について学んだことを生活や学習に生かそうとしている。 ❸ 標本調査を活用した問題解決の過程を振り返って評価・改善しようとしたり，多様な考えを認め，よりよく問題解決したりしようとしている。

指導と評価の計画

次	学習の流れ （◎）学習内容　　（・）学習活動	おもな評価規準 ●：記録に残す評価 ○：記録に残さない評価
1	◎　標本調査の必要性と意味（第1～4時） ・標本調査や全数調査の必要性と意味を考える。 ・コンピュータなどの情報手段を用いるなどして無作為に標本を取り出し，整理する。【評価場面❶】 ・無作為に標本を抽出し，整理したり，標本をもとにして母集団の傾向を推定したりする。	知① 知②　主① 主❶
2	◎　簡単な場合について標本調査を行い，母集団の傾向を捉え説明すること（第5, 6時） ・問題を解決するために，無作為に標本を抽出し，整理する。 ・標本調査の方法や結果を批判的に考察し表現する。【評価場面❷】 ・標本調査を行い，母集団の傾向を捉え説明する。	 主❷ 思❶　主③ 思❷　主❸
テスト	・単元の評価規準を踏まえ，標本調査の必要性と意味を理解しているかなどの知識および技能の状況を評価したり，標本調査の方法や結果を批判的に考察し表現する問題を出題し，思考力，判断力，表現力等の状況を評価したりする。（知❶❷　思❶❷）	

コンピュータなどの情報手段を用いるなどして無作為に標本を取り出し，整理する

評価規準

知識・技能	思考・判断・表現	主体的に学習に取り組む態度
② コンピュータなどの情報手段を用いるなどして無作為に標本を取り出し，整理することができる。		

授業づくり（形成的な評価）のポイント

　日常生活や社会においては，さまざまな理由から，母集団のすべてのデータを収集できない場合がある。例えば，社会の動向を調査する世論調査や食品の安全性のチェックなどでは，無作為に抽出した一部のデータをもとにして，全体についてどのようなことがどの程度までわかるのかを考える必要がある。このようにして生み出されたのが標本調査である。1920年に日本が初めて国勢調査を行った際，1923年の関東大震災で集計が遅れてしまい，1000分の1の調査票を抽出して概数を算出したのが，標本調査を人口調査に利用した世界で最初の例ともいわれている。

　学習指導にあたっては，標本調査の必要性を，生徒が実感を伴って理解できるようにしたり，確率の学習を前提として，コンピュータや乱数を利用することにより無作為抽出が可能になることや，標本の大きさが大きいほうが母集団の傾向を推定しやすくなることを，経験的に理解できるようにしたりすることが大切である。

　なお，実際に標本調査を行う際には，標本の大きさを変えて何回か標本調査を行い，そこから推定した値の分布やばらつきを箱ひげ図などを用いて表し，比較する活動を取り入れることが大切である。小グループの活動で，無作為抽出により取り出した標本が違っても，同じ特徴が読み取れることなど，標本調査のよさを実感を伴って理解できるようにしたい。

学びを深めるゴール問題

　授業では，世論調査など，身の回りの調査の例を取り上げ，全数調査と標本調査について比較し，標本調査の必要性と意味の理解を深める。さらに，母集団から無作為に標本を取り出し整理することについて，以下のような評価問題を提示し，生徒の学習状況を見取る。

評価問題例

　ある電池工場で，品質を検査するため，次のような手順で標本調査を行いました。

手順1　3万個の電池の中から，300個の電池を取り出した。
手順2　取り出した電池を調べたら，その中の2個が不良品だった。
手順3　その結果から，3万個の中におよそ200個の不良品が含まれていると推測した。

　手順1を行うとき，注意しなければならないことは何ですか。ことばで説明しなさい。

（平成29年度岩手県立高等学校入試問題 数学 大問6）

B評価の生徒のすがた

解答例

標本調査は，母集団から抽出した標本を調査し，母集団の全体の傾向を推測する調査なので，標本が母集団と同じ傾向をもつように，標本を無作為に抽出する必要がある。

評価（判断）の理由

・標本を無作為に抽出することについてのみ記述していればB評価とする。

A評価の生徒のすがた

解答例

3万個の電池の中から300個の電池を無作為に抽出するには，コンピュータで1〜30000までの中からランダムに300個の数を取り出し，その数に対応する電池を抽出すればよい。

評価（判断）の理由

・コンピュータなどを用いて標本を無作為に抽出する方法についても具体的に説明していればA評価とする。

Cの学習状況に対する指導・支援の手だて

・生徒のつまずきが，記述式の解答への苦手意識によるものなのか，それとも，無作為抽出の必要性に気付いていないのかなどについて明らかにすることが大切である。

・ロールプレイを行い，300個の電池を取り出す場面を具体的に想起できるようにする。工場で3万個の電池がベルトコンベアで流れてくる想定で，どの300個を取り出すか演じることで，生徒が偏りのある取り出し方をイメージしているか，無作為な抽出をイメージしているのかを見取り，「その取り出し方は，無作為な抽出といえるかな？」「どのように取り出したら無作為な抽出になるかな？」などと声をかけ，標本を偏りなく取り出す方法について話し合う活動を取り入れる。

・手順1において，3万個の電池の中から300個の電池を取り出す際，標本が母集団の特徴を的確に反映するように偏りなく抽出するための代表的な方法として，無作為抽出があることを復習する。

標本調査の方法や結果を批判的に考察し表現する

本時の評価規準

知識・技能	思考・判断・表現	主体的に学習に取り組む態度
	❶ 標本調査の方法や結果を批判的に考察し表現することができる。	

学びを深めるゴール問題

　主権者教育の一環として，小選挙区選挙や出口調査の方法に，標本調査の考えが用いられているかどうかを考察するレポート課題を出題する。授業の中で問題を提示し，インターネットで調べたり話し合ったりする活動を取り入れ，ある程度全体で考察したうえで，それぞれが考えたことなどをレポート課題としてまとめさせる。授業で調べたり話し合ったりする活動を取り入れる想定なので，多くの生徒がB評価の状況になるものとして位置付けている。

　新聞やインターネットなどから得られた標本調査の方法や結果についても，批判的に考察し表現できるようになることが大切である。その際，母集団としてどのような集団を想定しているのか，その母集団からどのように標本を抽出しているのか，抽出した標本のうちどのくらいの人が回答しているのかなどを観点として話し合う。

　また，実際の調査においては，無作為抽出以外の標本の抽出方法が用いられる場合もあること，そのときは標本がどのような集団を代表しているのかを検討することも大切である。このような活動を通して，統計的な情報を的確に活用できるようにする。

評価問題例

たくまさんとのぞみさんは，総務省のホームページで，下の「国政選挙の年代別投票率の推移について」の記事を見つけ，次のように話しています。

国政選挙における年代別投票率について

　国政選挙の年代別投票率は，令和3年10月に行われた第49回衆議院議員総選挙では，10歳代が43.21％，20歳代が36.50％，30歳代が47.12％となっています。（全年代を通じた投票率は55.93％）

　また，令和4年7月に行われた第26回参議院議員通常選挙では，10歳代が35.42％，20歳代が33.99％，30歳代が44.80％となっています。（全年代を通じた投票率は52.05％）

　このように，いずれの選挙でも他の年代と比べて，若年層の投票率は低い水準にとどまっていることから，総務省では，特に若年層への選挙啓発や主権者教育に取り組むとともに，関係機関等と緊密な連携を図り，投票率の向上に努めることとしています。

　※年代別投票率は，全国から標準的な投票率を示している投票区を抽出し，調査したものです。

　※10歳代の投票率は，第24回参議院議員通常選挙及び第48回衆議院議員総選挙のみ全数調査によるものです。

総務省HPより：https://www.soumu.go.jp/senkyo/senkyo_s/news/sonota/nendaibetu/

> たくまさん：令和3年10月の衆議院議員選挙は，全年代を通じた投票率が55.93％だったんだね。一部の人の投票だけで当選を判断してよいのかな？
> のぞみさん：もしかして，選挙は，その小選挙区の有権者全体を母集団として，そのうち投票した一部の人を標本として，そこから，有権者全体の意見を推測して当選する人を決めているということになるのかな？
> たくまさん：10歳代から30歳代の投票率は55.93％より低いから，40歳代より上の人の投票率のほうが高いはず。投票した人を標本として，かたよりなく取り出したっていえるのかな？
> のぞみさん：どうなんだろう？
> 　そういえば，テレビで選挙のときに出口調査して，選挙結果を予測しているけど，この出口調査は，標本調査なのかな？
> たくまさん：選挙のときのことを，標本調査と比べて，もう少し調べてみよう。

小選挙区選挙や出口調査について，標本調査の考えを用いているといえるかどうか，調べてレポートにまとめなさい。

B評価の生徒のすがた

解答例

【小選挙区選挙について】
　ある小選挙区の有権者全体を母集団とすると，実際に投票した人は，無作為に抽出された人ではないこと，年代などに偏りがある可能性があることなどから，選挙に標本調査の考えが用いられているとはいえないと思う。

【出口調査について】
　出口調査は，ある小選挙区で実際に投票した人を母集団として，そこから年齢や性別などの偏りがなく，全体の投票行動と同じになるように標本を抽出するなど，無作為な抽出と妥当な推定を実現するためにさまざまな工夫をしているので，出口調査は，標本調査の考えを用いているといえると思う。

評価（判断）の理由

・日本の選挙制度や出口調査について，標本調査の考えが用いられているといえるかを考察し，レポートに表現していればB評価とする。

A評価の生徒のすがた

解答例

　おそらく，小選挙区選挙などは，全数調査のイメージでその地区の有権者全員が投票することを想定しているので，標本調査の考えを用いているとはいえないと思う。
　出口調査について，実際に調査されたという話を聞いたことがないので，インターネットで調べたら，東京都の大きな選挙区の場合，数百人に一人の割合で調査しているという記事を見つけた。自分の住んでいる選挙区で出口調査を行うにはどういう方法で，何人くらい調査すればよいのか，調べてみたいと思った。

評価（判断）の理由

・出口調査の標本の大きさに着目して考えをまとめるなどしていればA評価とする。

Cの学習状況に対する指導・支援の手だて

・授業で調べたり話し合ったりする活動を取り入れているにもかかわらず，考察したことをレポートにまとめられずにいる生徒には，他の生徒がまとめたレポートをいくつか示すなどして，具体的なイメージをもてるようにし，再度レポート作成に取り組ませる。

内容のまとまりごとの評価規準（例）第1学年

国立教育政策研究所 （2019）より

1　目標と評価の観点及びその趣旨

目標（1）	目標（2）	目標（3）
正の数と負の数，文字を用いた式と一元一次方程式，平面図形と空間図形，比例と反比例，データの分布と確率などについての基礎的な概念や原理・法則などを理解するとともに，事象を数理的に捉えたり，数学的に解釈したり，数学的に表現・処理したりする技能を身に付けるようにする。	数の範囲を拡張し，数の性質や計算について考察したり，文字を用いて数量の関係や法則などを考察したりする力，図形の構成要素や構成の仕方に着目し，図形の性質や関係を直観的に捉え論理的に考察する力，数量の変化や対応に着目して関数関係を見いだし，その特徴を表，式，グラフなどで考察する力，データの分布に着目し，その傾向を読み取り批判的に考察して判断したり，不確定な事象の起こりやすさについて考察したりする力を養う。	数学的活動の楽しさや数学のよさに気付いて粘り強く考え，数学を生活や学習に生かそうとする態度，問題解決の過程を振り返って検討しようとする態度，多面的に捉え考えようとする態度を養う。

知識・技能	思考・判断・表現	主体的に学習に取り組む態度
・正の数と負の数，文字を用いた式と一元一次方程式，平面図形と空間図形，比例と反比例，データの分布と確率などについての基礎的な概念や原理・法則などを理解している。 ・事象を数理的に捉えたり，数学的に解釈したり，数学的に表現・処理したりする技能を身に付けている。	数の範囲を拡張し，数の性質や計算について考察したり，文字を用いて数量の関係や法則などを考察したりする力，図形の構成要素や構成の仕方に着目し，図形の性質や関係を直観的に捉え論理的に考察する力，数量の変化や対応に着目して関数関係を見いだし，その特徴を表，式，グラフなどで考察する力，データの分布に着目し，その傾向を読み取り批判的に考察して判断したり，不確定な事象の起こりやすさについて考察したりする力を身に付けている。	数学的活動の楽しさや数学のよさに気付いて粘り強く考え，数学を生活や学習に生かそうとしたり，問題解決の過程を振り返って検討しようとしたり，多面的に捉え考えようとしたりしている。

2　内容のまとまりごとの評価規準（例）

正の数と負の数【A　数と式(1)】

知識・技能	思考・判断・表現	主体的に学習に取り組む態度
・正の数と負の数の必要性と意味を理解している。 ・正の数と負の数の四則計算をすることができる。 ・具体的な場面で正の数と負の数を用いて表したり処理したりすることができる。	・算数で学習した数の四則計算と関連付けて，正の数と負の数の四則計算の方法を考察し表現することができる。 ・正の数と負の数を具体的な場面で活用することができる。	・正の数と負の数のよさに気付いて粘り強く考え，正の数と負の数について学んだことを生活や学習に生かそうとしたり，正の数と負の数を活用した問題解決の過程を振り返って検討しようとしたりしている。

文字を用いた式【A　数と式(2)】

知識・技能	思考・判断・表現	主体的に学習に取り組む態度
・文字を用いることの必要性と意味を理解している。 ・文字を用いた式における乗法と除法の表し方を知っている。 ・簡単な一次式の加法と減法の計算をすることができる。 ・数量の関係や法則などを文字を用いた式に表すことができることを理解している。 ・数量の関係や法則などを式を用いて表したり読み取ったりすることができる。	・具体的な場面と関連付けて，一次式の加法と減法の計算の方法を考察し表現することができる。	・文字を用いることのよさに気付いて粘り強く考え，文字を用いた式について学んだことを生活や学習に生かそうとしたり，文字を用いた式を活用した問題解決の過程を振り返って検討しようとしたりしている。

一元一次方程式 【A 数と式(3)】

知識・技能	思考・判断・表現	主体的に学習に取り組む態度
・方程式の必要性と意味及び方程式の中の文字や解の意味を理解している。 ・簡単な一元一次方程式を解くことができる。	・等式の性質を基にして，一元一次方程式を解く方法を考察し表現することができる。 ・一元一次方程式を具体的な場面で活用することができる。	・一元一次方程式のよさに気付いて粘り強く考え，一元一次方程式について学んだことを生活や学習に生かそうとしたり，一元一次方程式を活用した問題解決の過程を振り返って検討しようとしたりしている。

平面図形 【B 図形(1)】

知識・技能	思考・判断・表現	主体的に学習に取り組む態度
・角の二等分線，線分の垂直二等分線，垂線などの基本的な作図の方法を理解している。 ・平行移動，対称移動及び回転移動について理解している。	・図形の性質に着目し，基本的な作図の方法を考察し表現することができる。 ・図形の移動に着目し，二つの図形の関係について考察し表現することができる。 ・基本的な作図や図形の移動を具体的な場面で活用することができる。	・平面図形の性質や関係を捉えることのよさに気付いて粘り強く考え，平面図形について学んだことを生活や学習に生かそうとしたり，作図や図形の移動を活用した問題解決の過程を振り返って検討しようとしたりしている。

空間図形 【B 図形(2)】

知識・技能	思考・判断・表現	主体的に学習に取り組む態度
・空間における直線や平面の位置関係を知っている。 ・扇形の弧の長さと面積，基本的な柱体や錐体，球の表面積と体積を求めることができる。	・空間図形を直線や平面図形の運動によって構成されるものと捉えたり，空間図形を平面上に表現して平面上の表現から空間図形の性質を見いだしたりすることができる。 ・立体図形の表面積や体積の求め方を考察し表現することができる。	・空間図形の性質や関係を捉えることのよさに気付いて粘り強く考え，空間図形について学んだことを生活や学習に生かそうとしたり，空間図形の性質や関係を活用した問題解決の過程を振り返って検討しようとしたりしている。

比例，反比例 【C 関数(1)】

知識・技能	思考・判断・表現	主体的に学習に取り組む態度
・関数関係の意味を理解している。 ・比例，反比例について理解している。 ・座標の意味を理解している。 ・比例，反比例を表，式，グラフなどに表すことができる。	・比例，反比例として捉えられる二つの数量について，表，式，グラフなどを用いて調べ，それらの変化や対応の特徴を見いだすことができる。 ・比例，反比例を用いて具体的な事象を捉え考察し表現することができる。	・比例，反比例のよさに気付いて粘り強く考え，比例，反比例について学んだことを生活や学習に生かそうとしたり，比例，反比例を活用した問題解決の過程を振り返って検討しようとしたりしている。

データの分布 【D データの活用(1)】

知識・技能	思考・判断・表現	主体的に学習に取り組む態度
・ヒストグラムや相対度数などの必要性と意味を理解している。 ・コンピュータなどの情報手段を用いるなどしてデータを表やグラフに整理することができる。	・目的に応じてデータを収集して分析し，そのデータの分布の傾向を読み取り，批判的に考察し判断することができる。	・ヒストグラムや相対度数などのよさに気付いて粘り強く考え，データの分布について学んだことを生活や学習に生かそうとしたり，ヒストグラムや相対度数などを活用した問題解決の過程を振り返って検討しようとしたり，多面的に捉え考えようとしたりしている。

不確定な事象の起こりやすさ 【D データの活用(2)】

知識・技能	思考・判断・表現	主体的に学習に取り組む態度
・多数の観察や多数回の試行によって得られる確率の必要性と意味を理解している。	・多数の観察や多数回の試行の結果を基にして，不確定な事象の起こりやすさの傾向を読み取り表現することができる。	・多数の観察や多数回の試行によって得られる確率のよさに気付いて粘り強く考え，不確定な事象の起こりやすさについて学んだことを生活や学習に生かそうとしたり，多数の観察や多数回の試行によって得られる確率を活用した問題解決の過程を振り返って検討しようとしたりしている。

第2学年

1　目標と評価の観点及びその趣旨

目標（1）	目標（2）	目標（3）
文字を用いた式と連立二元一次方程式，平面図形と数学的な推論，一次関数，データの分布と確率などについての基礎的な概念や原理・法則などを理解するとともに，事象を数学化したり，数学的に解釈したり，数学的に表現・処理したりする技能を身に付けるようにする。	文字を用いて数量の関係や法則などを考察する力，数学的な推論の過程に着目し，図形の性質や関係を論理的に考察し表現する力，関数関係に着目し，その特徴を表，式，グラフを相互に関連付けて考察する力，複数の集団のデータの分布に着目し，その傾向を比較して読み取り批判的に考察して判断したり，不確定な事象の起こりやすさについて考察したりする力を養う。	数学的活動の楽しさや数学のよさを実感して粘り強く考え，数学を生活や学習に生かそうとする態度，問題解決の過程を振り返って評価・改善しようとする態度，多様な考えを認め，よりよく問題解決しようとする態度を養う。

知識・技能	思考・判断・表現	主体的に学習に取り組む態度
・文字を用いた式と連立二元一次方程式，平面図形と数学的な推論，一次関数，データの分布と確率などについての基礎的な概念や原理・法則などを理解している。 ・事象を数学化したり，数学的に解釈したり，数学的に表現・処理したりする技能を身に付けている。	文字を用いて数量の関係や法則などを考察する力，数学的な推論の過程に着目し，図形の性質や関係を論理的に考察し表現する力，関数関係に着目し，その特徴を表，式，グラフを相互に関連付けて考察する力，複数の集団のデータの分布に着目し，その傾向を比較して読み取り批判的に考察して判断したり，不確定な事象の起こりやすさについて考察したりする力を身に付けている。	数学的活動の楽しさや数学のよさを実感して粘り強く考え，数学を生活や学習に生かそうとしたり，問題解決の過程を振り返って評価・改善しようとしたり，多様な考えを認め，よりよく問題解決しようとしたりしている。

2　内容のまとまりごとの評価規準（例）

文字を用いた式【A　数と式(1)】

知識・技能	思考・判断・表現	主体的に学習に取り組む態度
・簡単な整式の加法と減法及び単項式の乗法と除法の計算をすることができる。 ・具体的な事象の中の数量の関係を文字を用いた式で表したり，式の意味を読み取ったりすることができる。 ・文字を用いた式で数量及び数量の関係を捉え説明できることを理解している。 ・目的に応じて，簡単な式を変形することができる。	・具体的な数の計算や既に学習した計算の方法と関連付けて，整式の加法と減法及び単項式の乗法と除法の計算の方法を考察し表現することができる。 ・文字を用いた式を具体的な場面で活用することができる。	・文字を用いた式のよさを実感して粘り強く考え，文字を用いた式について学んだことを生活や学習に生かそうとしたり，文字を用いた式を活用した問題解決の過程を振り返って評価・改善しようとしたりしている。

連立二元一次方程式【A　数と式(2)】

知識・技能	思考・判断・表現	主体的に学習に取り組む態度
・二元一次方程式とその解の意味を理解している。 ・連立二元一次方程式の必要性と意味及びその解の意味を理解している。 ・簡単な連立二元一次方程式を解くことができる。	・一元一次方程式と関連付けて，連立二元一次方程式を解く方法を考察し表現することができる。 ・連立二元一次方程式を具体的な場面で活用することができる。	・連立二元一次方程式のよさを実感して粘り強く考え，連立二元一次方程式について学んだことを生活や学習に生かそうとしたり，連立二元一次方程式を活用した問題解決の過程を振り返って評価・改善しようとしたりしている。

基本的な平面図形の性質【B　図形(1)】

知識・技能	思考・判断・表現	主体的に学習に取り組む態度
・平行線や角の性質を理解している。 ・多角形の角についての性質が見いだせることを知っている。	・基本的な平面図形の性質を見いだし，平行線や角の性質を基にしてそれらを確かめ説明することができる。	・平面図形の性質のよさを実感して粘り強く考え，平面図形の性質について学んだことを生活や学習に生かそうとしたり，平面図形の性質を活用した問題解決の過程を振り返って評価・改善しようとしたりしている。

図形の合同【B　図形(2)】

知識・技能	思考・判断・表現	主体的に学習に取り組む態度
・平面図形の合同の意味及び三角形の合同条件について理解している。 ・証明の必要性と意味及びその方法について理解している。	・三角形の合同条件などを基にして三角形や平行四辺形の基本的な性質を論理的に確かめたり，証明を読んで新たな性質を見いだしたりすることができる。 ・三角形や平行四辺形の基本的な性質などを具体的な場面で活用することができる。	・証明のよさを実感して粘り強く考え，図形の合同について学んだことを生活や学習に生かそうとしたり，平面図形の性質を活用した問題解決の過程を振り返って評価・改善しようとしたりしている。

一次関数【C　関数(1)】

知識・技能	思考・判断・表現	主体的に学習に取り組む態度
・一次関数について理解している。 ・事象の中には一次関数として捉えられるものがあることを知っている。 ・二元一次方程式を関数を表す式とみることができる。	・一次関数として捉えられる二つの数量について，変化や対応の特徴を見いだし，表，式，グラフを相互に関連付けて考察し表現することができる。 ・一次関数を用いて具体的な事象を捉え考察し表現することができる。	・一次関数のよさを実感して粘り強く考え，一次関数について学んだことを生活や学習に生かそうとしたり，一次関数を活用した問題解決の過程を振り返って評価・改善しようとしたりしている。

データの分布【D　データの活用(1)】

知識・技能	思考・判断・表現	主体的に学習に取り組む態度
・四分位範囲や箱ひげ図の必要性と意味を理解している。 ・コンピュータなどの情報手段を用いるなどしてデータを整理し箱ひげ図で表すことができる。	・四分位範囲や箱ひげ図を用いてデータの分布の傾向を比較して読み取り，批判的に考察し判断することができる。	・四分位範囲や箱ひげ図のよさを実感して粘り強く考え，データの分布について学んだことを生活や学習に生かそうとたり，四分位範囲や箱ひげ図を活用した問題解決の過程を振り返って評価・改善しようとしたり，多様な考えを認め，よりよく問題解決しようとしたりしている。

不確定な事象の起こりやすさ【D　データの活用(2)】

知識・技能	思考・判断・表現	主体的に学習に取り組む態度
・多数回の試行によって得られる確率と関連付けて，場合の数を基にして得られる確率の必要性と意味を理解している。 ・簡単な場合について確率を求めることができる。	・同様に確からしいことに着目し，場合の数を基にして得られる確率の求め方を考察し表現することができる。 ・確率を用いて不確定な事象を捉え考察し表現することができる。	・場合の数を基にして得られる確率のよさを実感して粘り強く考え，不確定な事象の起こりやすさについて学んだことを生活や学習に生かそうとしたり，確率を活用した問題解決の過程を振り返って評価・改善しようとしたりしている。

第3学年

1　目標と評価の観点及びその趣旨

目標（1）	目標（2）	目標（3）
数の平方根，多項式と二次方程式，図形の相似，円周角と中心角の関係，三平方の定理，関数 $y=ax^2$，標本調査などについての基礎的な概念や原理・法則などを理解するとともに，事象を数学化したり，数学的に解釈したり，数学的に表現・処理したりする技能を身に付けるようにする。	数の範囲に着目し，数の性質や計算について考察したり，文字を用いて数量の関係や法則などを考察したりする力，図形の構成要素の関係に着目し，図形の性質や計量について論理的に考察し表現する力，関数関係に着目し，その特徴を表，式，グラフを相互に関連付けて考察する力，標本と母集団の関係に着目し，母集団の傾向を推定し判断したり，調査の方法や結果を批判的に考察したりする力を養う。	数学的活動の楽しさや数学のよさを実感して粘り強く考え，数学を生活や学習に生かそうとする態度，問題解決の過程を振り返って評価・改善しようとする態度，多様な考えを認め，よりよく問題解決しようとする態度を養う。

知識・技能	思考・判断・表現	主体的に学習に取り組む態度
・数の平方根，多項式と二次方程式，図形の相似，円周角と中心角の関係，三平方の定理，関数 $y=ax^2$，標本調査などについての基礎的な概念や原理・法則などを理解している。 ・事象を数学化したり，数学的に解釈したり，数学的に表現・処理したりする技能を身に付けている。	数の範囲に着目し，数の性質や計算について考察したり，文字を用いて数量の関係や法則などを考察したりする力，図形の構成要素の関係に着目し，図形の性質や計量について論理的に考察し表現する力，関数関係に着目し，その特徴を表，式，グラフを相互に関連付けて考察する力，標本と母集団の関係に着目し，母集団の傾向を推定し判断したり，調査の方法や結果を批判的に考察したりする力を身に付けている。	数学的活動の楽しさや数学のよさを実感して粘り強く考え，数学を生活や学習に生かそうとしたり，問題解決の過程を振り返って評価・改善しようとしたり，多様な考えを認め，よりよく問題解決しようとしたりしている。

2　内容のまとまりごとの評価規準（例）

正の数の平方根【A　数と式(1)】

知識・技能	思考・判断・表現	主体的に学習に取り組む態度
・数の平方根の必要性と意味を理解している。 ・数の平方根を含む簡単な式の計算をすることができる。 ・具体的な場面で数の平方根を用いて表したり処理したりすることができる。	・既に学習した計算の方法と関連付けて，数の平方根を含む式の計算の方法を考察し表現することができる。 ・数の平方根を具体的な場面で活用することができる。	・数の平方根のよさを実感して粘り強く考え，数の平方根について学んだことを生活や学習に生かそうとしたり，数の平方根を活用した問題解決の過程を振り返って評価・改善しようとしたりしている。

簡単な多項式【A　数と式(2)】

知識・技能	思考・判断・表現	主体的に学習に取り組む態度
・単項式と多項式の乗法及び多項式を単項式で割る除法の計算をすることができる。 ・簡単な一次式の乗法の計算及び次の公式を用いる簡単な式の展開や因数分解をすることができる。 $(a+b)^2=a^2+2ab+b^2$ $(a-b)^2=a^2-2ab+b^2$ $(a+b)(a-b)=a^2-b^2$ $(x+a)(x+b)=x^2+(a+b)x+ab$	・既に学習した計算の方法と関連付けて，式の展開や因数分解をする方法を考察し表現することができる。 ・文字を用いた式で数量及び数量の関係を捉え説明することができる。	・式の展開や因数分解をする方法のよさを実感して粘り強く考え，多項式について学んだことを生活や学習に生かそうとしたり，文字を用いた式を活用した問題解決の過程を振り返って評価・改善しようとしたりしている。

二次方程式【A　数と式(3)】

知識・技能	思考・判断・表現	主体的に学習に取り組む態度
・二次方程式の必要性と意味及びその解の意味を理解している。 ・因数分解したり平方の形に変形したりして二次方程式を解くことができる。 ・解の公式を知り，それを用いて二次方程式を解くことができる。	・因数分解や平方根の考えを基にして，二次方程式を解く方法を考察し表現することができる。 ・二次方程式を具体的な場面で活用することができる。	・二次方程式のよさを実感して粘り強く考え，二次方程式について学んだことを生活や学習に生かそうとしたり，二次方程式を活用した問題解決の過程を振り返って評価・改善しようとしたりしている。

図形の相似【B　図形(1)】

知識・技能	思考・判断・表現	主体的に学習に取り組む態度
・平面図形の相似の意味及び三角形の相似条件について理解している。 ・基本的な立体の相似の意味及び相似な図形の相似比と面積比や体積比との関係について理解している。	・三角形の相似条件などを基にして図形の基本的な性質を論理的に確かめることができる。 ・平行線と線分の比についての性質を見いだし，それらを確かめることができる。 ・相似な図形の性質を具体的な場面で活用することができる。	・相似な図形の性質のよさを実感して粘り強く考え，図形の相似について学んだことを生活や学習に生かそうとしたり，相似な図形の性質を活用した問題解決の過程を振り返って評価・改善しようとしたりしている。

円周角と中心角の関係【B　図形(2)】

知識・技能	思考・判断・表現	主体的に学習に取り組む態度
・円周角と中心角の関係の意味を理解し，それが証明できることを知っている。	・円周角と中心角の関係を見いだすことができる。 ・円周角と中心角の関係を具体的な場面で活用することができる。	・円周角と中心角の関係のよさを実感して粘り強く考え，円周角と中心角の関係について学んだことを生活や学習に生かそうとしたり，円周角と中心角の関係を活用した問題解決の過程を振り返って評価・改善しようとしたりしている。

三平方の定理【B　図形(3)】

知識・技能	思考・判断・表現	主体的に学習に取り組む態度
・三平方の定理の意味を理解し，それが証明できることを知っている。	・三平方の定理を見いだすことができる。 ・三平方の定理を具体的な場面で活用することができる。	・三平方の定理のよさを実感して粘り強く考え，三平方の定理について学んだことを生活や学習に生かそうとしたり，三平方の定理を活用した問題解決の過程を振り返って評価・改善しようとしたりしている。

関数 $y=ax^2$【C　関数(1)】

知識・技能	思考・判断・表現	主体的に学習に取り組む態度
・関数 $y=ax^2$ について理解している。 ・事象の中には関数 $y=ax^2$ として捉えられるものがあることを知っている。 ・いろいろな事象の中に，関数関係があることを理解している。	・関数 $y=ax^2$ として捉えられる二つの数量について，変化や対応の特徴を見いだし，表，式，グラフを相互に関連付けて考察し表現することができる。 ・関数 $y=ax^2$ を用いて具体的な事象を捉え考察し表現することができる。	・関数 $y=ax^2$ のよさを実感して粘り強く考え，関数 $y=ax^2$ について学んだことを生活や学習に生かそうとしたり，関数 $y=ax^2$ を活用した問題解決の過程を振り返って評価・改善しようとしたりしている。

標本調査【D　データの活用(1)】

知識・技能	思考・判断・表現	主体的に学習に取り組む態度
・標本調査の必要性と意味を理解している。 ・コンピュータなどの情報手段を用いるなどして無作為に標本を取り出し，整理することができる。	・標本調査の方法や結果を批判的に考察し表現することができる。 ・簡単な場合について標本調査を行い，母集団の傾向を推定し判断することができる。	・標本調査のよさを実感して粘り強く考え，標本調査について学んだことを生活や学習に生かそうとしたり，標本調査を活用した問題解決の過程を振り返って評価・改善しようとしたり，多様な考えを認め，よりよく問題解決しようとしたりしている。

引用・参考文献

第1章

・Anderson, L. W. & Krathwohl, D. R. eds.（2001）. A Taxonomy for Learning, Teaching, and Assessing: A Revision of Bloom's Taxonomy of Educational Objectives, Addison Wesley Longman.
・石井英真（2012）. 学力向上. 篠原清昭編著. 学校改善マネジメント. ミネルヴァ書房.
・石井英真（2015）. 今求められる学力と学びとは. 日本標準.
・石井英真（2019）. 新指導要録の提起する学習評価改革. 石井英真・西岡加名恵・田中耕治編著. 小学校指導要録改訂のポイント. 日本標準.
・石井英真（2020a）. 再増補版・現代アメリカにおける学力形成論の展開. 東信堂.
・石井英真（2020b）. 授業づくりの深め方. ミネルヴァ書房.
・石井英真（2023）. 中学校・高等学校 授業が変わる 学習評価深化論. 図書文化.
・石井英真・鈴木秀幸編著（2021）. ヤマ場をおさえる学習評価・中学校. 図書文化.
・Erickson, H. L.（2008）. Stirring the head, Heart, and Soul, 3rd Ed., Corwin Press. p31.
・西岡加名恵編著（2008）.「逆向き設計」でたしかな学力を保障する. 明治図書出版.
・McTighe, J. & Wiggins, G.（2004）. Understanding by Design: Professional Development Workbook, ASCD. p65.
・Marzano, R. J.（1992）. A Different Kind of Classroom: Teaching with Dimensions of Learning, ASCD. p16.
・文部科学省中央教育審議会初等中等教育分科会教育課程部会（2019）. 学習評価の在り方について（報告）（平成31年1月21日）.

第2章

・中央教育審議会（2016）. 幼稚園，小学校，中学校，高等学校及び特別支援学校の学習指導要領等の改善及び必要な方策等について（答申）.
・国立教育政策研究所教育課程センター（2020）.「指導と評価の一体化」のための学習評価に関する参考資料 中学校 数学.
・文部科学省（2018a）. 中学校学習指導要領（平成29年告示）.
・文部科学省（2018b）. 中学校学習指導要領（平成29年告示）解説数学編.
・文部科学省初等中等教育分科会教育課程部会（2019）. 児童生徒の学習評価の在り方について（報告）.
・国立教育政策研究所教育課程センター（2019）. 学習評価の在り方ハンドブック小・中学校編.

附録

・文部科学省国立教育政策研究所教育課程研究センター（2019）.「指導と評価の一体化」のための学習評価に関する参考資料【中学校 数学】. pp.77-88.

※第3〜5章の引用・参考文献は各頁に掲載.

あとがき

　学習指導要領の総則に授業改善と評価の充実の必要性が明示され，観点別学習状況の評価は，小・中・高等学校の各教科等を通じて4観点から3観点に整理されました。左右の両輪というよりは「後輪駆動・前輪駆動」のイメージで，指導と評価のどちらから授業改善を図り子供たちの学びを加速させるかという方向へ，学習評価の大規模システム改編を切り口として発想を転換し，フルモデルチェンジを図ったという印象です。そのようなときに石井英真先生から，評価実践を授業づくり・単元づくりと豊かなかたちで統合し，単元のヤマ場を重視する考えについてご指導いただき，目から鱗が落ちるようでした。学校現場としてどのように実践に生かすか，ぜひ皆様と一緒に考えたいと思っています。

　第1章では，新しい学習指導要領の学力観や学習評価の基本的な考え方を述べました。

　第2章では，中学校数学科における評価問題・課題の作り方について，本書の基本的な考えを示しました。テストの範囲表ともいえる「単元の評価規準」の作成，おもな評価方法・評価材料，評価問題・課題の作り方など，実践例をできる限り取り上げました。

　第3章からは中学校数学科の実践編として，各学年の内容のまとまりごとに，評価問題・課題の例を取り上げ，ヤマ場をおさえる学習評価のポイントを示しました。学習指導要領や全国学力・学習状況調査等で示された活動等を参考にするとともに，批判的な思考力を意識した実践例や，生徒が学びのつながりを自覚し，発展的・統合的に考える単元づくりのしかけの例など，数学的な見方・考え方を働かせながら数学的活動に取り組めるようにするためのアイディアを紹介しました。

　本書は岩手県の先生方がここ数年，試行錯誤してきた取組の一部を取り上げましたが，正直，A評価の判断基準等，例を示すうえで苦労したり迷ったりしたところもたくさんあります。皆様からご批正をいただき，さらに改善を図り，学習評価の充実，主体的・対話的で深い学びの実現に向けた授業改善等，指導と評価の一体化へ，また粘り強くチャレンジしていきたいと思っております。私自身，現任校にて東日本大震災からの復興，地域の未来を担う中学生にどのように生きる力を育むか，迷い悩む毎日です。本書の提案が，一人でも多くの先生が中学校数学科の指導改善に積極的に生かし，目の前の子供たちに必要な資質・能力を育む方策について考える際の一助となれば幸いです。

　これまでご指導いただいた全国の先生方，なかでも岩手大学教育学部の立花正男先生，佐藤寿仁先生には感謝の気持ちでいっぱいです。そして，私たちにこのような機会を与えてくださった図書文化社の皆様，とりわけ佐藤達朗氏・柴田好葉氏に御礼を申し上げます。

2023年6月30日

佃　　拓生

執筆者一覧

（原稿順，所属は2023年3月時点）

石井　英真　京都大学大学院教育学研究科准教授
いしい・てるまさ　編者，第1章

佃　　拓生　岩手県釜石市立釜石東中学校校長
つくだ・たくお　編者，第2章
　　　　　　　第3〜5章（p.52-57，p.64-69，p.82-87，p.110-127，p.168-197）

内田　知代　岩手県盛岡市立上田中学校教諭
うちだ・ともよ　第3，4章（p.58-63，p.94-99，p.140-145）

大下　秀香　岩手県大槌町立吉里吉里中学校教諭
おおした・ひでか　第3章（p.70-81）

田村　敬済　岩手県二戸市立浄法寺中学校教諭
たむら・たかずみ　第3〜5章（p.88-93，p.104-109，p.134-139，p.150-161）

佐藤　宏行　岩手県教育委員会事務局学校教育室主任指導主事
さとう・ひろゆき　第4章（p.128-133）

佐々木美穂子　岩手県釜石市立釜石東中学校教諭
ささき・みほこ　第5章（p.162-167）

全体編集　石井　英真　いしい・てるまさ

　京都大学大学院教育学研究科准教授。博士（教育学）。専門は教育方法学。学校で育成すべき学力のモデル化を研究し，授業研究を軸にした学校改革に取り組んでいる。日本教育方法学会理事，日本カリキュラム学会理事，文部科学省「中央教育審議会教育課程部会」「児童生徒の学習評価に関するワーキンググループ」委員などを務める。主著に『未来の学校　ポスト・コロナの公教育のリデザイン』（日本標準，2020年），『再増補版・現代アメリカにおける学力形成論の展開』（東信堂，2020年），『授業づくりの深め方：「よい授業」をデザインするための5つのツボ』（ミネルヴァ書房，2020年），『高等学校　真正の学び，授業の深み』（編著，学事出版，2022年），『中学校・高等学校　授業が変わる　学習評価深化論』（図書文化，2022年）ほか多数。

教科編集　佃　拓生　つくだ・たくお

　釜石市立釜石東中学校校長。岩手県内公立中学校の数学科教諭，岩手県教育委員会事務局学校教育室主任指導主事，公立中学校副校長等を経て，令和4年4月から現職。東日本大震災津波の被災地で，防災・復興教育の推進，授業改善・学力向上等に取り組んでいる。平成19年から全国学力・学習状況調査中学校数学問題作成・分析委員を7年間務めた。
おもな著書：『観点別学習状況の評価規準と判定基準　中学校数学』（分担執筆）『教えて考えさせる授業　中学校』（分担執筆）『ヤマ場をおさえる学習評価　中学校』（分担執筆）（以上，図書文化）

ヤマ場をおさえる
単元設計と評価課題・評価問題 中学校数学

2023年10月30日　初版第1刷発行　［検印省略］

全体編集　　石井英真
教科編集　　佃　拓生
発 行 人　　則岡秀卓
発 行 所　　株式会社　図書文化社
　　　　　　〒112-0012　東京都文京区大塚1-4-15
　　　　　　Tel：03-3943-2511　Fax：03-3943-2519
　　　　　　http://www.toshobunka.co.jp/
本文デザイン・装幀　スタジオダンク
イラスト　　松永えりか
組版・印刷　株式会社 Sun Fuerza
製　　　本　株式会社 村上製本所

© ISHII Terumasa & TSUKUDA Takuo, 2023　Printed in Japan
ISBN 978-4-8100-3773-9 C3337

学習評価の本

中学校・高等学校

授業が変わる

学 習 評 価
深 化 論

観点別評価で学力を伸ばす「学びの舞台づくり」

石井英真（京都大学大学院教育学研究科准教授）

A5判，並製 160頁
定価（本体1,800円＋税）

目 次

関連書籍

ヤマ場をおさえる 学習評価 小学校	石井英真・鈴木秀幸 [編著]	
ヤマ場をおさえる 学習評価 中学校	石井英真・鈴木秀幸 [編著]	
ヤマ場をおさえる 単元設計と評価課題・評価問題 中学校国語	石井英真 [全体編集]	吉本　悟 [教科編集]
ヤマ場をおさえる 単元設計と評価課題・評価問題 中学校社会	石井英真 [全体編集]	高木　優 [教科編集]
ヤマ場をおさえる 単元設計と評価課題・評価問題 中学校数学	石井英真 [全体編集]	佃　拓生 [教科編集]
ヤマ場をおさえる 単元設計と評価課題・評価問題 中学校理科	石井英真 [全体編集]	新井直志 [教科編集]
ヤマ場をおさえる 単元設計と評価課題・評価問題 中学校英語	石井英真 [全体編集]	上村慎吾 [教科編集]

図書文化